A inclusão social e a mídia

Conselho editorial de Educação:
José Cerchi Fusari
Marcos Antonio Lorieri
Marli André
Pedro Goergen
Terezinha Azerêdo Rios
Valdemar Sguissardi
Vitor Henrique Paro

Dados Internacionais de Catalogação na Publicação (CIP)
(Câmara Brasileira do Livro, SP, Brasil)

Soares, Carminha
    A inclusão social e a mídia : um único olhar / Carminha Soares.
-- São Paulo : Cortez, 2009.

    Bibliografia.
    ISBN 978-85-249-1525-3

    1. Comunicação de massa — Influência 2. Deficientes — Aspectos sociais 3. Mídia (Propaganda) 4. Sociologia educacional I. Título.

09-10056   CDD-362.10420981

Índices para catálogo sistemático:

1. Brasil : Deficientes : Inclusão social e a mídia : Bem-estar
    social   362.10420981
2. Brasil : Portadores de deficiência : Inclusão social e a mídia :
    Bem-estar social   362.10420981

Carminha Soares

A inclusão social e a mídia

um único olhar

CORTEZ EDITORA

A INCLUSÃO SOCIAL E A MÍDIA: um único olhar
Carminha Soares

Capa: aeroestúdio
Preparação de originais e revisão de arquivos: Francisca Freire da Costa – francemilia@hotmail.com
Revisão: Maria de Lourdes de Almeida
Composição: Linea Editora Ltda.
Coordenação editorial: Danilo A. Q. Morales

Nenhuma parte desta obra pode ser reproduzida ou duplicada sem autorização expressa da autora e do editor.

© 2009 by Autora

Direitos para esta edição
CORTEZ EDITORA
R. Monte Alegre, 1074 — Perdizes
05014-001 — São Paulo - SP
Tel. (11) 3864 0111   Fax: (11) 3864 4290
e-mail: cortez@cortezeditora.com.br
www.cortezeditora.com.br

Impresso no Brasil — outubro de 2009

Dedicatória

Para minhas filhas Tatiana, Renata e Michelle, com amor.
Para Gilmar, companheiro de sempre, com amor e gratidão.
Para minhas netas Maria Eduarda e Lissa Lin, com amor e esperança.

Agradecimentos

Para a feitura deste livro, que é uma versão da tese de doutorado apresentada, em 2007, ao Programa de Pós-Graduação em Educação da Universidade Federal do Rio Grande do Norte, contei com a contribuição inestimável de algumas pessoas, às quais aqui registro os meus agradecimentos:

- A Francisca Freire, pela habilidosa revisão que deu forma a este livro.
- A Adriana Flor Melo, pelo significativo apoio.
- A Lucio Masaaki, pelo trabalho que tão bem apresentou todos os aspectos dos meus esforços criativos.
- A Pedro Ratts e a Bira, amigos de sempre, pela criação da capa deste livro.
- A Maria do Rosário de Fátima de Carvalho e a Horácio Accioly Júnior, pelo muito que colaboraram, com as suas respectivas orientações, durante a elaboração da minha tese de doutorado.

Meus queridos amigos, o tempo que passamos juntos é de grande valor para mim. Com vocês aprendi lições valiosas.

Todas as pessoas que se dispõem, seja no mundo acadêmico ou no da pesquisa, a estudar este tema, igualmente eu fiz, sonham em vencer o desafio do individualismo dominante que permeia a nossa sociedade, pelo desejo de **estar junto do outro**.

A AUTORA

Sumário

Dedicatória 5
Agradecimentos 7
Apresentação 13
Com a palavra a jornalista Cremilda Medina 15
Prefácio — *Nei Leandro de Castro* 19
Introdução 21

CAPÍTULO I 29
  1. DEFICIÊNCIA E INCLUSÃO: um percurso histórico 31
    1.1 Exemplos de superação de limites pessoais 36
    1.2 O atendimento educacional no Brasil às pessoas com
         deficiência 38
    1.3 Estudos brasileiros sobre deficiência no Brasil 43

CAPÍTULO II 51
  2. APORTES TEÓRICOS: a representação e a comunicação
     sociais 53
    2.1 Representação social 53
    2.2 Comunicação social 59

CAPÍTULO III 63
   3. A ESCOLHA DA NOTÍCIA: mídia impressa 65

CAPÍTULO IV 85
   4. DISCUSSÃO DOS RESULTADOS: a cidadania revelada 87

Considerações finais 107

Bibliografia 123

Apresentação

Maria Teresa Eglér Mantoan

Mais uma vez somos agraciados com o talento desta autora, ao tratar, com marcante competência, de uma temática tão complexa e relevante — a pessoa com deficiência.

Conheço Carminha há algum tempo e sempre admirei a clareza com que expõe suas ideias e a firmeza e determinação com que defende o direito de todos, indistintamente, a uma vida cidadã.

Sua atuação na comunidade tem como mote o direito à diferença, na igualdade de direitos e, para assegurá-lo, ela se envolve inteiramente, promovendo mudanças e destacando-se por fazer do Brasil um país para "todos".

Quem não conhece, em Natal, a Carminha da CORDE?

Com essa referência não quero definir alguém que se confunde com a instituição que representa ou que representou, mas uma pessoa que é reconhecida e respeitada pelo que pensa, realiza, promove, provoca na sociedade potiguar e que tem alvos precisos na sua trajetória pessoal e profissional — a inclusão de todos na escola, na família, no lazer, nos esportes, no trabalho...

Como professora e jornalista, Carminha tem envidado esforços para que esses alvos sejam atingidos e distingue-se por iniciativas de vanguarda. Nada a intimida quando se lança na direção de seus propósitos progressistas, enfrentando resistências, oposições, estranhamentos de toda sorte. Com ternura e muita persistência, vai derrubando barreiras e transpondo fronteiras, na sua incansável luta por uma condição humana mais digna e justa para todos nós.

Este livro é resultado de sua tese de doutorado e uma contribuição significativa para o entendimento e transformações visando à essa condição tão desejada. O estudo que realizou sobre o papel da mídia impressa na formação de opinião e na divulgação de matérias polêmicas da atualidade envolveu jornais que circulam em Natal.

Nesse trabalho, Carminha abordou a importância do discurso midiático na constituição do imaginário social, destacando seu papel na geração de representações e na difusão de sentidos, que podem manter estereótipos ou ampliar concepções, abrir horizontes sobre questões que envolvem, entre outras, as diferenças, em todas as suas manifestações e, em especial, as deficiências. A tese foi mais um pano de fundo de que a autora fez uso para expor seu ideário e valores inclusivos.

Aprendi sobre o assunto destacado nesta apresentação e muito mais, quando li a tese toda para ser membro da banca de defesa deste estudo. E esse "muito mais" deixo-o ao leitor, para que seja revelado na leitura deste livro.

Então, fico por aqui.

Mas a minha admiração e amizade por Carminha continuam sem limites, assim como a caminhada em direção ao nosso sonho (pretensioso?) de "mudar o mundo".

Então, vamos em frente!

Com a palavra a jornalista Cremilda Medina*

*De heróis a anti-heróis
no espelho da mídia:
E a maioria anônima?*

Em qualquer viagem à periferia, a queixa aparece: por que os jornalistas não querem saber da nossa vida? O cidadão que não está iluminado pelos holofotes do poder, que não se sobressai na roda das profissões, não foi guindado a cânone da arte ou da ciência, faz a História mas não passa de um algarismo nas estatísticas. Só os consagrados como heróis frequentam o noticiário e, se tiverem sorte ímpar, vão parar, em amplos espaços jornalísticos, como perfis exemplares. Já as vítimas da ausência de ética de certos heroísmos, os anti-heróis, ganham por vezes a acolhida na comunicação social. Uns e outros — heróis e anti-heróis — representam a catarse das contradições e de polos opostos da experiência humana.

Mas, e a grande maioria anônima que não se vê representada nos meios de comunicação? Há quem lhe prometa a total inclusão nas mídias digitais.

---

* Jornalista, pesquisadora, é professora titular da Escola de Comunicações e Artes da Universidade de São Paulo. Publicou 13 livros, o mais recente, Ciência e Jornalismo, da herança positivista ao diálogo dos afetos (Summus, 2008); organizou com alunos e colaboradores 43 coletâneas, entre elas as séries São Paulo de Perfil (27 títulos) e Novo Pacto da Ciência (9 títulos).

Será a internet o novo paraíso prometido? Basta acessibilidade à máquina? Os comunicadores discutem muito, mas praticam, pouco, o diálogo social, afinal, essa é sua competência histórica, vocalizada com ênfase nas democracias contemporâneas. Puseram seu ofício a serviço da divulgação das vozes cantantes ou dos lamentos agônicos, porém se esqueceram de apurar a arte de tecer o presente e ir ao encontro dos silenciados, dos deserdados, dos cegos e dos que não se movimentam como olimpianos. Ao fenômeno que se chama de comunicação social, melhor seria nomear de divulgação das palavras e ações dos glamorosos.

Ainda bem que há autores sensíveis e grupos que gritam pela inclusão. Desse processo conflituoso e dessa dinâmica do caos, emergem narrativas emancipatórias. Iniciativas desproporcionais em relação à prática recorrente da exclusão, todavia é preciso reforçar o valor tanto dos movimentos coletivos dos anônimos quanto o mediador-autor que recolhe os sentidos dispersos e os transforma na reportagem dos esquecidos. Não fossem os autores eticamente solidários, tecnicamente dialógicos e esteticamente criativos na narrativa dos afetos, e estaríamos entregues à arrogância do privilégio.

Nessa linhagem de autores tão perspicazes quanto sensíveis se enquadra o texto de Carminha Soares, Um único olhar, a inclusão social e a mídia. Como jornalista e como pesquisadora, empresta seu verbo e fidelidade aos portadores de necessidades especiais, cuja luta por encontrar seu lugar na sociedade inclui a visibilidade no outro lugar, o da realidade simbólica espelhada na mídia. Embora a biografia da autora venha impregnada pelas digitais de entrega à causa, a estudiosa procura, no entanto, um caminho sistemático para observar a frequência/ausência nos jornais desses heróis-anti-heróis do cotidiano. Elege a imprensa da terra, Rio Grande do Norte, mas os resultados da pesquisa são aplicáveis ao jornalismo nacional e, quiçá, de outras latitudes. Permita-me, Carminha, cruzar seus dados com os estudos que venho realizando e lhe dizer que o majoritário contingente de anônimos do século XXI abarca os cidadãos portadores de deficiências, bem como portadores de todas as necessidades humanas que constituem a cidadania.

Se a imprensa desconhece o Zé da Silva, a Dona Maria, o ficibói, o molequinho, a doida da esquina ou o veio da praça, a arte os escolhe para personagens. Vamos encontrar o povo anônimo no romance, no poema, no filme, na música, na peça, na fotografia, no quadro ou na escultura. Talvez eles estejam invadindo os *blogs* e mostrem a cara com renovado vigor como os povoadores da América em contraposição aos implacáveis heróis da Conquista no século XVI. O gesto da arte sempre se afirma na cumplicidade, povo e personagem se dão as mãos na oficina do artista. Uma boa inspiração para os jornalistas, como costumo dizer e praticar com meus alunos e amigos.

Espero que sua palavra de alerta e os dados que você reúne em seu livro, Carminha, contagiem as novas gerações de comunicadores. O desejo, o sonho, o mito transcende as mazelas da realidade. Você faz soprar os ventos a favor da inclusão social e dá o toque de recolher ao jornalismo desafeto. Que ouçam, no seu livro, os acordes sutis da saga dos esquecidos.

Prefácio

O olhar atento de Carminha

Nei Leandro de Castro

Este livro de Carminha Soares, tem como objetivo principal provocar interesse e reflexão sobre as pessoas com deficiência. A partir desse tema, a autora ultrapassa a intenção inicial, graças a uma rigorosa pesquisa sobre o assunto, e termina oferecendo ao leitor um trabalho cheio de informações preciosas, vazadas em estilo claro e objetivo. A questão da deficiência é mostrada por Carminha através da história, com citações que compreendem desde o período da Antiguidade Clássica. Em Esparta, por exemplo, era permitido o sacrifício de crianças com deficiência física ou mental; Aristóteles era favorável à morte dos filhos nascidos com deficiência; os insanos ou loucos eram abandonados no mar, em barcos denominados "Naus dos Insensatos". Somente no século XIII surgiria uma instituição em favor das pessoas com deficiência. Mas no período da Inquisição eles também eram incluídos na lista dos hereges e condenados à morte na fogueira. Mais modernamente, na Alemanha de Hitler, houve assassinatos em massa de pessoas com deficiências físicas e mentais.

Com esses dados, todos marcados por uma crueldade espantosa, a autora planta os alicerces do seu trabalho literário, de sua tarefa pessoal. E, num contraponto às informações históricas iniciais, ela lembra que a deficiência não impediu o grande desempenho de homens e mulheres em vários ramos do conhecimento. Alguns exemplos: o poeta Homero era cego; a educadora Helen Keller era cega e surda; Beethoven ficou surdo nos últimos anos de sua vida; Antônio Francisco Lisboa, o Aleijadinho, deixou a marca do seu gênio pelas ruas e praças de cidades mineiras.

Carminha Soares mostra que o tempo vai trabalhando em favor das pessoas com deficiência. Segundo ela, começa a se tornar visível uma interseção entre o indivíduo e a sociedade. A autora mostra esse processo evolutivo, aliando teoria e prática e citando nomes representativos como Serge Moscovici, Roland Barthes, Denise Jodelet, D. Wolton, James Fallows, entre outros. Nada escapa ao olhar atento e crítico de Carminha. Na prática, ela aponta os resultados dos Seminários de Mídia e Deficiência, realizados em Natal, nos anos de 1996 e 1997, de que fez parte como organizadora. Percebe-se, na maior parte do livro, uma cobrança — muito justa, por sinal — para que a mídia trate com mais equidade os problemas enfrentados pelas pessoas com deficiência. A autora está sempre lembrando, de uma forma ou de outra, que "é necessário olhar o mundo à nossa volta e estabelecer um pacto de convivência com todas as pessoas, independente de suas diferenças. Este deveria ser o resultado do nosso projeto de vida." Em outras palavras, é necessário um olhar mais atencioso, mais respeitoso, que nivele as pessoas com deficiência às demais integrantes da sociedade organizada. É necessário levar em conta que, com base no censo de 2000, do IBGE, deve haver atualmente cerca de 27 milhões de pessoas com deficiência no nosso país. Todos esses brasileiros têm direito a um lugar ao sol. A luta por uma integração deve ser de todos nós.

A inclusão social e a mídia: um único olhar, livro que nos fornece uma leitura reflexiva e ao mesmo tempo agradável, é uma convocação ao leitor, para que ele faça parte de um problema e da procura de sua solução. É um estímulo ao exercício da cidadania.

Introdução

> Nosso verdadeiro estudo é o da condição humana.
>
> (*Emílio Rousseau*)

A inclusão da pessoa com deficiência[1] na sociedade é hoje uma necessidade urgente decorrente dos preceitos democráticos de justiça e dignidade. De acordo com esses preceitos, as pessoas com deficiência devem ter acesso garantido ao conjunto das políticas públicas e à inclusão social, ou seja, elas devem ser vistas como cidadãs, participantes e construtoras de uma sociedade para todos. Entretanto, a temática da deficiência ainda não é considerada uma questão de todos; no máximo, um problema de alguns núcleos familiares. Essas famílias devem aceitar o "fardo" de lidar por tempo indeterminado com um parente próximo que não enxerga, não ouve, não anda, ou não consegue aprender a ler, a fazer contas, como a maioria da população que teve acesso à escola.

Segundo Canziani (1994), deparamo-nos constantemente com os *pré-conceitos* oriundos da desinformação que muitas vezes levam a sociedade a subestimar a potencialidade e a capacidade das pessoas, gerando discriminação, preconceitos e estigmas que retratam as atitudes do entorno social. Essa situação sinaliza, de acordo com a autora, para a necessidade de superação

---

1. Optamos por utilizar neste estudo a terminologia "pessoa com deficiência", por entendermos, como Veiga (2001), que a pessoa não *porta* uma deficiência, não carrega provisoriamente como uma bolsa, mas tem uma deficiência real.

das barreiras ideológicas e práticas que limitam o ser humano a condições apriorísticas, que tomam o indivíduo apenas pela deficiência que apresenta, imobilizando-o em sua vocação e capacidade de ressignificar o mundo. A diversidade humana ainda é vista, particularmente no que se refere às pessoas com deficiência, pela noção de que uma só característica, no caso a deficiência, resumiria a condição humana do indivíduo. Entretanto, a convivência com a diversidade proporciona maior possibilidade de desenvolvimento em todos os campos, além de propiciar a administração das diferenças no exercício das relações interpessoais, aspecto esse fundamental da democracia e da cidadania.

Este trabalho tenta provocar e suscitar maior interesse e maior reflexão sobre a situação das pessoas com deficiência, a partir do enfoque dado ao meio de comunicação, mídia impressa, discutindo seu papel na construção de significados através das palavras que propagam ideias, crenças e imagens, provocando sensações e predisposições que se manifestam em condutas e discursos nos grupos sociais.

É de consenso que a mídia é um dos instrumentos sociais responsáveis pelas transformações das linguagens e dos esquemas perceptivos do campo intelectual humano, que interferem na formação de conceitos, crenças, valores e atitudes. A mídia surge para estabelecer vínculos e ligações necessárias entre práticas sociais diversas. Ela circunscreve campos simbólicos, desenha uma nova territorialidade, propaga ideologias, torna pública a vida pública e enquadra a vida cotidiana, ou seja, *a sociedade é seu assunto*.

Aproximando a deficiência do contexto midiático, convém ressaltarmos que a mídia é elemento constituinte do imaginário da sociedade. Nesse aspecto, Baczko (1985, p. 313) afirma que a *influência dos imaginários sociais sobre as mentalidades depende em larga medida da difusão destes e, por conseguinte, dos meios que asseguram tal difusão.*

Para o autor, a veiculação dos discursos midiáticos concorre para a formação de imagens, ideias e opiniões, garantido atingir, em uma escala até então desconhecida, um público amplo e diversificado. Ou seja, a informação veiculada estimula a imaginação e, por consequência, gera as mais diversas representações sobre as pessoas com deficiência.

Convém sublinharmos que a mídia, em todas as suas formas de expressão, nutre-se de palavras, de imagens, de formas, constituindo um fluxo ininterrupto de informações que circulam nos espaços das relações sociais, construindo sentidos, significados e estereótipos.

Nesse sentido, segundo Ribas (1985), todo o indivíduo que "foge" das normas e regras (pre)estabelecidas poderá ser estigmatizado; mas o estigma não está no sujeito ou na deficiência que ele apresenta, e sim nos valores culturais estabelecidos pela sociedade que, categorizando as pessoas que escapam aos padrões de normalização, aferem-lhes determinados *rótulos sociais*. Ou seja, o estigma é, antes de tudo, uma construção afetiva, uma manifestação social dos sentimentos e noções que permeiam o grupo e o sujeito nas relações com o meio. Essa realidade, por si só, justifica o interesse pela temática. Entretanto, algo pessoal motivou-nos mais ainda.

Ao longo da nossa trajetória profissional, desde a época em que exercíamos a função de professora itinerante de alunos com deficiência, na rede pública estadual, em Natal (RN) e, posteriormente, à frente da Coordenadoria para Integração da Pessoa com Deficiência — CORDE/RN, durante sete anos, questionávamos sobre as contribuições da mídia para a inclusão social das pessoas com deficiência. Essa questão, associada à carência de estudos específicos na área, levou-nos à realização do I e II Seminários "Mídia e Deficiência", respectivamente em 1996 e 1997.[2] A seguir, entre 1998 e 1999, fizemos estudos teóricos e práticos sobre a Integração de Pessoas com Deficiência[3] e

---

2. O I e o II Seminários "Mídia e Deficiência" foram promovidos pela Coordenadoria para Integração da Pessoa Portadora de Deficiência — CORDE/RN e realizados na Universidade Federal do Rio Grande do Norte no período de 29 e 30 de outubro de 1996 e 30 e 31 de outubro de 1997, respectivamente. O evento contou com jornalistas tais como: Pedro Bial, Caco Barcelos, Rosa Maria, Caio Túlio Costa entre outros, além do escritor Marcelo Rubens Paiva e o dramaturgo Alcione Araújo.

3. O estudo sobre "A Integração de Pessoas com Deficiência" foi realizado na Universidade de Salamanca-Espanha, em nível de Master em Integración de Personas con Discapacidad: *Habilitación y Reabilitación* no período de 1998 e 1999, culminando com a dissertação intitulada: "A imprensa em Natal, Rio Grande do Norte, frente à pessoa portadora de deficiência", tendo como orientador o Prof. Dr. Antonio Aguado.

IMAGEM 1 Abertura do II Seminário Mídia e Deficiência — Fonte: Assessoria de Comunicação do Evento

ingressamos no curso de Comunicação Social da UFRN — habilitação em jornalismo.

Os referidos estudos, em nível de "máster", foram desenvolvidos sobre esta temática da imprensa frente à pessoa com deficiência, a partir de uma visão social das mesmas. Assim sendo, analisamos as atitudes dos jornalistas nos seus condicionamentos culturais, cujos valores que transmitem socialmente são apenas inferíveis pelos textos veiculados. Naquela ocasião, apreendemos que as atitudes estão para os comportamentos, assim como os preconceitos estão para os estereótipos. O que é o preconceito, senão uma atitude favorável ou desfavorável, anterior a qualquer conhecimento? O que é o estereótipo, senão um produto qualitativo baseado no preconceito e acima de qualquer experiência pessoal? Segundo Amaral (1994), os estereótipos da deficiência são permeados de preconceitos, como por exemplo: o deficiente é mau, é vilão, é revoltado. Por outro lado, deficiente é bom, herói e conformado.

Em resumo, este paralelo conceitual entre atitudes e preconceitos, comportamentos e estereótipos guiavam-nos na direção de que as atitudes da mídia impressa são importantes para a inclusão social: se negativas, veiculam prejuízo para a inclusão das pessoas com deficiência; se piegas e paternalistas, também prejudicam, por serem igualmente estereotipadas.

Uma vez estabelecido esse pressuposto teórico, faz-se necessário observar a classificação da Organização Mundial da Saúde (OMS), publicada em 1981, que esclarece a diferenciação entre os casos de pessoas com impedimento, deficiência e incapacidade. O termo impedimento caracteriza sujeitos com danos ou lesões de ordem psicológica ou anatômica em órgão ou estrutura do seu corpo. Já a palavra deficiência refere-se à restrição na execução de uma atividade. Incapacidade traduz os obstáculos encontrados pelas pessoas com deficiência para sua integração social, compatível com sua idade, sexo e aspectos socioculturais (Ribas, 2007).

Daquelas reflexões, trouxemos para o doutoramento o desafio de investigar o discurso circulante veiculado pela mídia impressa sobre "inclusão" e "deficiência", buscando apreender as representações sociais dos escritos jornalísticos, nos jornais Tribuna do Norte e Diário de Natal/O Poti durante o período 1992 e 2002. Enfatizando, agora, o campo midiático, como sendo de fundamental importância para a construção de representações, a partir do enfoque defendido por Moscovici (1978), associado à teoria da comunicação social, particularmente ao pensamento de Wolton (2004). Esta é uma questão de grande relevância para a realidade brasileira que, mesmo não tendo sido afetada por duas grandes guerras mundiais, entre nós a deficiência tem caráter mais permanente e, portanto, assustador, pois se deve à nutrição inadequada de mães e crianças, o que leva a ocorrências anormais pré-natais, perinatais, doenças infecciosas e acidentes. Além do mais, o Brasil registra altos índices de acidentes de trânsito e de trabalho, além do aumento da violência urbana e quantidade dos usuários de drogas. Se olharmos esses aspectos a partir do déficit educacional, veremos que tudo se potencializa e agrava-se pela falta de maiores esclarecimentos das pessoas e pela deficiência do próprio Estado na informação e prevenção.

Pelo exposto, torna-se evidente que estamos retomando para a presente pesquisa o estudo da imagem social de deficiência, na medida em que cada imagem requer uma representação social. Nesse sentido, é do nosso interesse identificar quais representações estão subjacentes a tais imagens, pois uma imagem não se constrói no vazio, mas expressa conceitos e preconceitos sobre os fatos e fenômenos sociais. Uma imagem, portanto, é bem mais que sua aparência; esconde e anuncia, através da linguagem que comunica, os sentidos que maneja e deixa conduzir.

Neste estudo, tomamos a imagem social como uma ilustração consensuada socialmente, pois resulta de representações da realidade, para além desta. A imagem negativa das pessoas com deficiência são indícios da representação estereotipada sobre as mesmas.

Contudo, as nossas inquietações e interrogações continuam presentes e com um desafio a mais, aliado ao conceito de uma sociedade inclusiva para TODOS, que converge para a globalização, com quebra de barreiras, especificamente a da exclusão social. Aqui nos reportamos a janeiro de 2004, quando foi celebrado o Congresso Internacional sobre Dignidade e Direitos da Pessoa com Deficiência. Em sua homenagem, o Papa João Paulo II disse em seu discurso:[4]

> O ponto de partida para a reflexão sobre a deficiência está enraizado nas persuasões fundamentais da antropologia cristã: a pessoa com deficiência, também quando está ferida na mente ou nas suas capacidades sensitivas e intelectivas é sujeito plenamente humano, com os direitos sagrados e inalienáveis próprios de cada ser humano.

Os poucos estudos acerca da relação mídia — deficiência — sociedade inclusiva motivaram-nos cada vez mais à pesquisa, em busca de compreender essa atuação da mídia.

Daí, traçamos como objetivo do estudo analisar o discurso circulante veiculado pela mídia impressa, sobre inclusão e deficiência, buscando apreender as representações sociais dos escritos jornalísticos.

O nosso estudo foi construído a partir dos mesmos questionamentos que moveram Moscovici (1978) na sua clássica obra "La Psychanalyse — son

---

4. Congresso Internacional Sobre Dignidade e Direitos da Pessoa com Deficiência, em janeiro de 2004, Roma — Itália.

image et son public". As representações sociais, segundo o teórico, seriam *um sistema de interpretação da realidade, estruturando as relações do indivíduo com o mundo e orientando suas condutas e comportamentos no contexto social.* Corroborando com Moscovici, Abric (1998, p. 64), chama representações sociais de *produto e processo de uma atividade mental por intermédio da qual um indivíduo ou um grupo reconstitui o real com o qual é confrontado e lhe atribui um significado especial.*

Neste estudo, portanto, falamos de representações sociais imbricadas com a comunicação, ressaltando que esta só se estabelece quando compartilhamos determinadas representações e ela se torna objeto de interesse e de interação social. As ideias desses autores instigaram-nos, em face da similaridade com o nosso objeto de estudo, *Inclusão e deficiência: em busca de representações sociais na mídia impressa de Natal,* a eleger essa mídia para a investigação. Como advoga Noblat, (2003, p. 17), o mais importante é [...] *fazer jornalismo com independência e que tome partido da sociedade* [...], Além do mais como observa, ainda Noblat, (2003, p. 21):

> [...] Um jornal é ou deveria ser um espelho da consciência crítica de uma comunidade em determinado espaço de tempo. Ou seja, um espelho que reflita com nitidez a dimensão aproximada ou real dessa consciência [...].

Essas considerações reforçam, ainda mais, a nossa escolha por esse sistema de comunicação, e como ele aborda uma questão tão importante para a sociedade quanto o é para a educação, a pesquisa, a cidade, a ciência e a saúde.

Entendemos ser oportuno enfatizarmos, aqui, que todo o nosso empenho evidenciado ao longo deste livro, acerca da inclusão da pessoa com deficiência, não é silencioso e nem solitário. A nossa busca tem o testemunho e até mesmo o apoio daqueles que comungam na mesma ideia.

Capítulo I

Neste capítulo, apresentamos a visão histórica da deficiência, partindo da Antiguidade Clássica até os dias atuais, como forma de historiar o processo de construção das representações sociais, ou seja, resgatando e evidenciando a dimensão simbólica deste objeto no percurso histórico. Finalizamos com as pesquisas já realizadas no Brasil sobre esta temática, disponíveis no portal da CAPES.

1. DEFICIÊNCIA E INCLUSÃO: um percurso histórico

> Anda, quero te dizer nenhum segredo. Falo desse chão, da nossa casa. Vem que tá na hora de arrumar. Tempo, quero viver mais duzentos anos. Quero não ferir meu semelhante. Nem por isso quero me ferir. Vamos precisar de todo mundo. Pra banir do mundo a opressão. Para construir a vida nova [...] (*Beto Guedes*).

A sociedade, em todas as culturas, passou por diversas fases no que se refere às práticas sociais. Em relação às pessoas com deficiência, começou praticando o extermínio e a exclusão social. Em seguida, desenvolveu o atendimento segregado dentro de instituições. E, num processo longo, passou a lutar pela integração e, posteriormente, pela inclusão social, buscando modificar os sistemas sociais gerais, adaptando-os às necessidades dos cidadãos tidos como "diferentes" (Mazzota, 1987).

Em relação às atitudes sociais, segundo atesta Pessoti (1984), sabemos que na Antiguidade Clássica, em Esparta e outras sociedades voltadas principalmente para a guerra, a lei impunha o sacrifício de crianças com deficiência física ou mental, consideradas subumanas. A responsabilidade pelo extermínio e/ou abandono cabia, quase sempre, às próprias mães. Tudo isso em prol dos ideais estéticos, segundo o modelo grego de homem: belo, forte e inteligente. Esse procedimento era aceito por pensadores e filósofos de grande proeminência, como Platão e Aristóteles. Para Aristóteles, não só os portadores de deficiência, mas até mesmo os filhos excedentes, podiam ser expostos à morte, em nome do equilíbrio demográfico. Aqueles considerados insanos ou loucos eram abandonados no mar, nas denominadas "Naus dos Insensatos".

Em todos os momentos da história da humanidade, as pessoas com deficiência foram alvos de comportamentos e reações distintas e contraditórias de exclusão e integração, conforme os diferentes contextos da sociedade. Esses comportamentos foram mudando de acordo com as transformações sociais, as descobertas científicas e tecnológicas e as mudanças culturais e econômicas ocorridas.

O advento do Cristianismo desempenhou um papel decisivo ao promover a valorização do ser humano e o direito à vida. Esse humanismo cristão, tolerante e complacente com a deficiência, gerou grande avanço ao instituir a caridade como instrumento para assistir aqueles que, temporariamente ou não, estivessem impedidos de prover o próprio sustento. Porém, além dos escassos recursos mobilizados para esse fim, era também reduzido o número de pessoas com deficiência que sobrevivia até idade mais avançada, em face da elevada mortalidade infantil e a limitada expectativa média de vida.

Ao longo da Idade Média é que esses seres começam a ser vistos como pessoas, passando a ser considerados como filhos de Deus, sendo confiados às igrejas e aos conventos, onde eram "protegidos", mas, ao mesmo tempo, isolados socialmente.

Até o Iluminismo, a igualdade de *status* moral ou teológico não correspondeu a uma igualdade civil, de direitos. Somente no século XIII surgiu a primeira instituição para "abrigar" pessoas com deficiência mental, em uma colônia agrícola da Bélgica (Dickerson, 1981, apud Pessotti, op. cit.).

No século seguinte, o rei Eduardo II, da Inglaterra, baixou a primeira lei quanto à sobrevivência e defesa do patrimônio das pessoas com deficiência mental. A Prerrogativa Regis, datada de 1325 (século XIV), não se preocupava, no entanto, com aqueles que não possuíam recursos materiais.

No século XV, a Inquisição condenou à morte, na fogueira, os chamados hereges. Eram considerados hereges, entre outros, os loucos, os adivinhos e pessoas com deficiência. O preconceito da Igreja manifestava-se de forma clara e contundente, evidenciando a contradição existente. Para o clero, a deficiência ofendia a Deus, era uma heresia. Ainda no mesmo século (1484) é editado o "Malleus Maleficarum", denominado também de "Martelo das Bruxas", livro de caça aos feiticeiros, adivinhos, criaturas bizarras ou de hábitos estranhos, escrito por dois dominicanos, que foi reeditado muitas vezes, posteriormente. Esse manual assevera que essas criaturas estabeleciam tráfico real com Satanás e com as forças das trevas (Pessotti, op. cit.).

No século XVI, Philipus Paracelsus e Jerônimo Cardano, dois médicos e alquimistas de alta reputação, com incursões em conhecimento da Filosofia e Matemática, relacionaram a deficiência mental com a doença, traumatismo ou vitimização de forças sobre-humanas, cósmicas ou não, considerando aquelas pessoas com deficiência como dignas de tratamento e complacência e não de castigo e exorcismo, como então era apregoado pela Igreja Católica.

Embora ainda profundamente influenciada pelo misticismo, a visão de Philipus Paracelsus (1493-1541) sobre a deficiência mental, registrada em sua obra "Sobre as doenças que privam o homem", editada em 1567 após a sua morte, representa a primeira visão médica conhecida sobre a questão da insanidade, envolvendo nesse contexto a deficiência mental. Sua abordagem foi reforçada por Cardano (1501-1576), que se preocupou com a educação, no sentido de recuperação dessas pessoas.

Nesse mesmo século, os jesuítas desenvolveram pequenos sistemas para permitir a locomoção para pessoas com problemas de deficiências motoras. O próprio padre José de Anchieta tem escritos sobre sua deficiência motora.

No século XVIII, aparece uma alternativa para a solução do problema da deficiência. A Europa já aprendera, na Idade Média, a enfrentar a lepra epidêmica e devastadora, construindo hospitais (leprosários/hospícios) e essa era a alternativa para o novo momento. Paracelsus, Cardano e o filósofo

John Locke, preocupados com a educação, embora sem experiência prática, supunham que as pessoas portadoras de deficiência podiam ser treinadas ou educadas, que aprendiam e tinham direitos a isso. Em decorrência disso, homens de pensamento e educadores já começavam a reconhecer que elas não podiam ser punidas nem abandonadas. A solução encontrada passou a ser, no entanto, a segregação nos asilos ou leprosários. Assim, passa a existir a segregação que livra os governos, a sociedade e as famílias da presença dessas pessoas, vistas como improdutivas, agressivas, dependentes, como um fardo pesado para a sociedade.

Seguindo o relato de Pessoti (1984), podemos destacar que, em 1797, Jean Itard, (médico que se destacou pelas descobertas no campo da fala e da audição, na França, atuando no Instituto Imperial dos Surdos-Mudos), recebeu a guarda de um menino capturado na floresta e que vivia há 12 anos como selvagem (o qual se tornou conhecido como Victor de L'Aveyron, ou "O Selvagem de Aveyron"). Essa criança foi diagnosticada pelo médico Pinel como radicalmente incapaz de aprendizagem, como *indivíduo desprovido de recursos intelectuais por deficiência mental essencial e não fruto das privações pelo modo de vida* (Pessotti, op. cit., p. 20). Itard, partidário da ideia de que o homem não nasce como homem, mas é construído como homem, assume a sua educação sistemática e individualizada, conseguindo alguns progressos registrados na sua obra "Mémoire sur les premiers développements de Victor de L'Aveyron" (1801), que se constituiu na primeira obra sobre educação de crianças com deficiência mental.

No início do século XIX, Esquirol, médico que se destacou na sua época, distingue a pessoa que apresenta loucura da que porta deficiência mental, ao classificar o louco como aquele que conserva ainda alguns vestígios da perfeição do humano, enquanto a pessoa com deficiência mental, para ele, tem uma organização mental primitiva. Assim, loucura é considerada como doença com perda da razão, enquanto a deficiência mental é um estado onde a razão nunca se manifestou ou manifestará. Os estudos de Esquirol apontam para a negação da deficiência como doença, percebendo-a como diferente da loucura.

Cabe especial destaque à médica italiana Maria Montessori que provocou, em 1846, polêmicas ao estimular a criação de instituições educacionais para essas pessoas e, sobretudo, por ter abalado o preconceito quanto à irrecuperabilidade da pessoa com deficiência mental, seja esta severa ou profunda. Essa profissional, além de estimular discussões sobre a metodologia de ensino para as pessoas com deficiência, disseminou as suas ideias e metodologias para várias partes do mundo. Estas, depois, foram adaptadas também para crianças que não portam deficiência. Outros profissionais destacam-se nesse campo educacional, entre os quais podemos citar: Pestallozi (1746-1827); Froebel (1782-1852); Decroly (1871-1922).

Na Europa, embora há muito tenham ocorrido as primeiras experiências voltadas para o atendimento e a educação de pessoas portadoras de deficiência, somente no século XX surgiram as primeiras ideias sistemáticas a respeito da necessidade de educar e buscar integrar essas pessoas à sociedade. Graças aos progressos da Psicologia, da Biologia, da genética e às ousadas iniciativas pedagógicas com bases nas ideias do tcheco Comenius (1592-1670), fundador da moderna Pedagogia, que em sua Didática Magna, publicada em 1657, já afirmava:

> [...] quanto mais alguém é de natureza lenta ou rude, tanto mais tem necessidade de ser ajudado, para que, quanto possível, se liberte de sua debilidade e de sua estupidez brutal. Não é possível encontrar um espíritotão infeliz, a que a cultura não possa trazer melhoria (apud Almeida, 1995, p. 12).

A aceitação e a prática das ideias de Comenius e de seus seguidores ocorreram com atraso e de maneira incompleta, pois — enquanto esse educador propunha que as crianças com deficiência fossem integradas às escolas comuns e à vida da comunidade, que é benéfico por favorecer a integração social — as primeiras iniciativas orientaram-se no sentido da segregação dessas crianças. Segregação, aliás, que somente nos últimos cinquenta anos começou a ser questionada nos países do Primeiro Mundo.

Nos países avançados, foi crescendo progressivamente o papel do Estado no custeio das entidades especializadas e na prestação direta de serviços às pessoas com deficiência. Esse papel aumentou, ainda mais, desde o final da Segunda Guerra Mundial, entendendo-se — na atualidade — o direito à prevenção, ao tratamento, à educação, à assistência e à promoção da integração de tais pessoas, que passa a ser assegurado como dever inalienável do Estado.

1.1 Exemplos de superação de limites pessoais

Nesses muitos séculos da grande epopeia humana, existem informações dignas de nota, as quais mostram, claramente, que atitudes pessoais ajudaram a levar determinadas pessoas com deficiência a um plano de sucesso muito marcante. Dentre elas, destacamos alguns nomes, citados por Silva (1993, p. 26-28).

> **Moisés**: Tornou-se o líder absoluto dos hebreus na imorredora retirada das terras do Egito e na busca da Terra Prometida, apesar de ter um sério problema de comunicação verbal. Na Bíblia, o livro Êxodo, de sua autoria, conta-nos com certa clareza as dificuldades, as dúvidas e mesmo as estratégias para superar a deficiência.
> **Homero**: O maior poeta épico grego, autor da Ilíada e da Odisseia, poemas que jamais deixarão de fazer parte das obras mais significativas criadas pelo ser humano, foi um homem cego. [...]
> **Sétimo Severo**: Imperador Romano de 193 a 211 D.C., ao final de sua vida, viu suas pernas perderem completamente a força, devido a um mal reconhecido à época como gota. Era carregado para todos os lados em uma liteira. Ao prender conspiradores que queriam afastá-lo do cargo por não poder mais andar, disse com muita firmeza: **Agora vocês aprenderam que não se governa um império com as pernas!**... [...]
> **Helen Keller**: Cega, surda e muda, foi um verdadeiro marco do potencial humano atingida ao mesmo tempo por males quase que insuperáveis. Em

1904, graduou-se no Colégio Radcliffe com louvor. Dedicou toda sua vida à causa das pessoas cegas, surdas e mudas e transformou-se numa líder de valor imenso.

Outras grandes personalidades portadoras de deficiência contribuíram positivamente para a melhoria das relações sociais. Exemplos também de superação de suas limitações. O reconhecimento das habilidades de algumas delas foi um fator de peso para o sucesso evidente dessa contribuição. Dentre elas é importante destacar:

***Luiz de Camões**, cavaleiro, fidalgo português, que perdeu um dos olhos na luta contra os marroquinos, é considerado um dos maiores poetas portugueses.

***Galileu, Gallilei**, matemático, astrônomo, inventor do telescópio ficou cego nos últimos anos de sua vida e, mesmo assim, continuou estudando e pesquisando.

***Johaamnes Kepler**, astrônomo alemão, desenvolveu importantes estudos sobre o movimento dos planetas. Kepler tinha deficiência visual causada por sarampo, aos quatro anos de idade.

***Ludving von Beethoven**, considerado um dos maiores gênios da música erudita, perdeu totalmente a audição nos últimos anos de vida. Mesmo assim, conseguiu compor suas obras mais famosas: Apassionata, Sonata ao luar e Sinfonias números 3 a 6.

***Antônio Francisco Lisboa**, o aleijadinho, considerado um dos maiores escultores brasileiros, vítima de tromboangite, caracterizado por ulcerações nas mãos, mesmo aos setenta anos de idade, esculpiu os doze profetas no adro da Igreja Matozinho em Congonhas do Campo, no Estado de Minas Gerais.

Observamos que essas pessoas foram determinadas naquilo que se propuseram fazer, superando os seus limites pessoais. Entretanto, não puderam superar os limites estabelecidos pela sociedade, que muitas vezes as trata indevidamente como "heróis", o que é o outro lado do preconceito.

1.2 O atendimento educacional no Brasil às pessoas com deficiência

O papel do Estado brasileiro, no que se refere aos cuidados com as pessoas com deficiência, só começou a ser exercido a partir do século XIX, ainda que de forma episódica.

Data de 1835 a primeira iniciativa de que se tem notícia quanto à formalização do atendimento educacional à pessoa com deficiência, no Brasil, quando o Deputado Cornélio Ferreira França apresentou, à Assembleia Legislativa no Rio de Janeiro, Projeto de Lei para a criação de classe para ensino de cegos e surdos-mudos, cujo artigo 1º apresentava a seguinte redação: Na Capital do Império, como nos principais lugares de cada Província, será criada uma classe para surdos-mudos e para cegos (Almeida, op. cit. p. 16).

Esse projeto, por motivos políticos, alicerçados na indiferença à questão, não foi aprovado e sequer discutido em plenário. Porém, alertou a sociedade para a questão, despertando o interesse e o empenho das famílias de pessoas portadoras de deficiências sensoriais para a discussão do assunto.

Apenas em 1854, sob a égide do Governo Imperial, foi criado o "Imperial Instituto de Meninos Cegos", por iniciativa do brasileiro José Álvares de Azevedo, que era cego e inspirou-se no modelo de uma escola especializada francesa onde estudou. Nessa escola, havia iniciado no final do século XVIII, de forma sistemática, o ensino dos cegos por Valentin Haui (1745-1822), em 1784. Homem de ciência e coração fundou em Paris a primeira escola destinada à educação de pessoas cegas e à sua preparação profissional com o apoio da Coroa francesa: Instituição Real dos Jovens Cegos. Nela, Louis Braille desenvolveu seu sistema e a publicação *processo para escrever as palavras, músicas e o contochão por meio de pontos para uso de cegos e dispostos para eles.* De forma definitiva, ocorreu em 1837.

A ideia foi levada ao Imperador D. Pedro II pelo médico da família imperial, Dr. Xavier Sigaud, que tinha uma filha cega. Este se tornou o primeiro diretor da casa. Os primeiros materiais especializados (regletes, punções e livros em escrita pelo método Braille) foram encomendados à França, chegando ao Brasil em 1856, como doação particular do Imperador ao Instituto recém-criado e que representou o primeiro passo da aplicação no sentido daquele método no Brasil (Almeida, 1995).

Durante muitos anos, o Instituto foi um mero asilo e não passou disso, sempre sob a custódia imperial. Somente com a atuação do professor de Matemática Benjamin Constant, que ali lecionava desde 1861, quando, ao assumir o cargo de diretor do Instituto, propôs mudanças substanciais não só no atendimento prestado, como também na construção de uma nova casa para abrigar a instituição. Com o seu falecimento, em 1891, o governo, em sua homenagem, alterou o nome do instituto para Benjamin Constant, o qual é mantido até hoje.

A educação de meninos surdos no Brasil teve início em 1855, com a chegada de Edouard Hüet, renomado professor francês, cujas ideias também sensibilizaram o Imperador, levando-o à criação da primeira classe experimental de ensino para surdos, que foi o embrião do futuro "Imperial Instituto de Surdos — Mudos", instalado em 1855, na cidade do Rio de Janeiro. Esse estabelecimento tinha como finalidade a educação e o ensino profissionalizante (Almeida, op. cit. 17).

A guerra do Paraguai foi o pior conflito armado ocorrido na América do Sul em toda a sua história, envolvendo de um lado o Brasil, a Argentina e o Uruguai; e do outro, o Paraguai. Não importa aqui discutir as causas dessa guerra, através da qual, milhares de baixas ocorreram entre as populações civil e militares da chamada Tríplice Aliança, mas algumas de suas consequências.

Pela sua população e base econômica, o Brasil assumiu a maior participação nessa guerra, dentre os membros da Tríplice Aliança, contando com milhares de pessoas com deficiência física ao término da guerra. Em decorrência disso, em 29 de julho de 1868, o Imperador D. Pedro II inaugurou o "Asylo dos Inválidos da Pátria", destinado à proteção dos soldados mutilados em guerras e em outras operações militares.

No sermão de inauguração, com a presença de D. Pedro II, o Cônego Joaquim José da Fonseca Lima disse: [...] *o inválido da pátria que aqui vier descansar à sombra de seus louros, terá ainda o honroso direito de tomar parte da vida ativa da sociedade. O seu trabalho continuará a enobrecer sua existência* (Almeida, op. cit., p. 19).

Há mais de um século, portanto, já havia a compreensão, da parte de alguns, embora poucos, do que é integração social, respeito às diferenças e da necessidade de apoio e promoção social às pessoas com deficiência. No entanto, terminada a Guerra do Paraguai, em pouco tempo a ação da burocracia devastou o Asylo de maneira um pouco mais lenta, mas talvez mais completa do que uma ação bélica.

O jornalista Ernesto Senna, ao visitar o Asylo em 1899, afirmou que: *nem o Império soube manter o Asylo dos Inválidos da Pátria, nem a Nova República por ele se interessou* (Almeida, op. cit., p. 21). Hoje, sequer a ilha onde ele se situava existe, incorporada que foi a outras ilhotas, para nelas sediar a atual Universidade Federal do Rio de Janeiro. O episódio do "Asylo" é revelador da consideração que o Estado brasileiro tinha com o patriota lesado numa guerra.

Referente ao período de 1900 a 1920, Almeida (op. cit.) cita alguns trabalhos como representativos da época, pelas reflexões teóricas e o enfoque pedagógico sobre a deficiência mental.

- A monografia intitulada **"Da Educação e Tratamento Médico — Pedagógico dos Idiotas"**, apresentada pelo Dr. Carlos Eiras, famoso psiquiatra, no IV Congresso de Medicina e Cirurgia — 1900, Rio de Janeiro;
- Livro **"A Educação da Infância Anormal de Inteligência"**, escrito, em 1913, pelo professor Clementino Quaglio;
- **"Débeis Mentais na Escola Pública"**, livro de autoria do Dr. Vieira de Mello, escrito em 1917;
- **"Tratamento e Educação das Crianças Anormais de Inteligência"**, do Dr. Basílio de Magalhães, também de 1917.

Em 1935, a professora Helena Antipoff, russa naturalizada brasileira, criou o Instituto Pestalozzi, em Belo Horizonte, sob o fluxo das ideias de Pestalozzi, Claparède e Dewey, teóricos da chamada Escola Nova. Helena Antipoff, assim como eles, propugnou não apenas o atendimento integral da pessoa com deficiência, como também a integração dessa pessoa à vida social.

As décadas de 1940 e 1950 viram surgir, no âmbito da sociedade civil brasileira, algumas iniciativas qualificadas em benefício da pessoa com deficiência, tais como:

- A criação, em 1946, em São Paulo, da Fundação para o Livro do Cego no Brasil, hoje Fundação Dorina Nowill, a partir da qual se iniciou a difusão da literatura em Braille, em todo o Brasil;
- Ainda em São Paulo, em 1950, a criação da Associação de Assistência à Criança Defeituosa (AACD), hoje com significativa folha de serviços prestados no campo da reabilitação infantil;
- No Rio de Janeiro, em 1954, a organização de duas instituições importantes, uma no campo da reabilitação motora, chamada Associação Brasileira Beneficente de Reabilitação (ABBR), e outra destinada à educação de pessoas com deficiência mental, a Associação de Pais e Amigos dos Excepcionais (APAE). Esta já disseminada para todo o país, existindo hoje em grande parte das cidades brasileiras.

Desde então, várias organizações filantrópicas vêm surgindo no Brasil, apesar dos escândalos ligando o meio político a associações "fantasmas", encontrando-se sob suspeita até a honra de dirigentes das instituições sérias. O publicista republicano Joaquim Nabuco já dizia no século XIX: *é preciso organizar a bondade no Brasil*. Traduzindo em linguagem atual, podemos dizer que é preciso promover a cidadania e a solidariedade social a partir de uma política pública responsável (Almeida, op. cit., p. 43).

A década de 1950-1960 marca um clima de mais aceitação da sociedade para as pessoas com deficiência, principalmente nos países mais desenvolvidos em que se vê ampliado o interesse pelo atendimento dessas pessoas.

O interesse e o otimismo de profissionais da área somaram-se ao envolvimento estatal e de organizações privadas que, pressionadas pelas famílias, deram um novo impulso a essa fase de progresso. Todavia, as pessoas com deficiência eram institucionalizadas em larga escala e muitas permaneceram nesse convívio de segregação. Mas, diante desse novo posicionamento social, os sentimentos de medo e rejeição foram dando lugar a atitudes de tolerância e compaixão. Fato que é possível observar na sociedade atual.

A Declaração de Salamanca sobre "os princípios, políticas e práticas na Área das Necessidades Educativas Especiais" foi aprovada por aclamação, em 10 de junho 1996, na cidade de Salamanca, Espanha. Tomando por base a Declaração Universal dos Direitos do Homem, de 1948, e a Conferência Mundial de Educação para Todos, em Jontiem/Tailândia, em 1990, além de diversas declarações da ONU sobre a educação inclusiva, e do trabalho realizado por grupos de pressão, grupos comunitários e pais, organizações de pessoas com deficiência e envolvimento de alguns governos, exerceu a Declaração de Salamanca forte influência para essa fase de progresso na área da deficiência.

Nesse Encontro de Salamanca, estavam presentes delegados de 92 países e 25 organizações internacionais, que reconheceram a urgência de se adequar a *escola* para atender às pessoas com deficiência, no ensino regular. Além de reafirmação do compromisso em prol da Educação para Todos, foi sancionado o Enquadramento da Ação na Área das Necessidades Educativas.

Daí até os dias atuais, muitas foram as legislações no âmbito educacional favorecendo as políticas, os princípios e as práticas na área das necessidades educativas especiais: a Emenda Constitucional n. 1, de 17 de outubro de 1969; a Lei n. 5.692/71; a nova Constituição Brasileira de 5 de outubro 1988; o Estatuto da Criança e do Adolescente estabelecido pela Lei Federal n. 8.069, de 13 de julho de 1990.

Em 1996, a Lei n. 9.394/96, em vigor, e a perspectiva de aprovação do Plano Nacional de Educação, ambos apresentando conquistas no âmbito do atendimento dos alunos com necessidades especiais e em sintonia com a Declaração de Salamanca, mantém-se o direito à educação para todas as pessoas com necessidades educativas especiais e alternativas de atendimento especializado gratuito aos educandos, preferencialmente no ensino regular, e assegura esse direito como responsabilidade do poder público.

Toda sociedade tem, em cada momento histórico, determinadas necessidades e valores sociais, em função dos quais estabelece o que é adequado socialmente. Ao longo da história, muitos e variados sujeitos foram considerados diferentes, sendo objeto das mais variadas denominações, concepções e formas de tratamento. A palavra deficiência não é negativa em si e designa uma realidade.

Quando a deficiência é usada para assinalar a pessoa, esse termo pode ser usado de forma discriminatória e injusta. Raras foram as vezes que chamaram a atenção dos historiadores através dos séculos, tendo estes, consequentemente, legado à posteridade poucos documentos. Nos registros disponíveis, fica claro que as pessoas com deficiência incomodam. Diante de uma pessoa com deficiência física ou motora, sensorial e ou mental, as pessoas vivem sentimentos contraditórios: desde a repulsa até a compaixão. Perante os diferentes — os que apresentam um desvio de relacionamento social ou comportamental — as sociedades sempre viveram um misto de fascínio e rejeição.

Como podemos ver, a história é rica de representações sobre a deficiência e, por isso, o conhecimento dessas representações sociais, atribuídas ao longo da história, é de fundamental importância para possibilitar o acesso a um conjunto de sentidos e significados que servem de referência para o estudo das representações sociais contemporâneas. Quais os que permanecem, na forma de Imaginário fundante? Quais os já superados? Há muitos sentidos e significados totalmente novos? Quais são e de onde provêm?

1.3 Estudos brasileiros sobre deficiência no Brasil

Seguindo o percurso investigativo, partimos na busca dos trabalhos desenvolvidos no Brasil, viabilizados através do banco da CAPES,[1] para nos

---

1. CAPES — Coordenação de Aperfeiçoamento do Pessoal do Ensino Superior.

aproximarmos do ponto de vista dos pesquisadores do país, no campo jornalístico, voltados para a área da deficiência em seus aspectos físico, mental, sensorial e/ou múltiplas.

Crespo (2000) afirma, na sua dissertação de Mestrado pela Universidade de São Paulo, Ciência da Comunicação, cujo título é "Informação e Deformação — A pessoa com deficiência na mídia impressa" (1º de agosto de 2000), que *o discurso jornalístico pretende ser o relato voraz dos acontecimentos. E, para isso, adota estratégias que garantem que ele seja acreditado pelo leitor.* Há uma nítida antítese no dizer da autora, no que escrevem os jornalistas quando, apesar das recomendações de que se valem para a práxis da escrita, imagens preconceituosas das pessoas com deficiência continuam a ocorrer em suas matérias.

A partir da linha francesa de análise do discurso, adotada pela autora, percebe-se que a linguagem não é meramente um instrumento para veicular as informações. Os significados possíveis, construídos na relação entre as palavras, permitem iluminar aquilo que de outra forma permaneceria oculto, pois aquilo que se diz desvenda e encobre simultaneamente.

É no campo do discurso, daquilo que é falado e do que é calado, que se encontram as representações que cada sujeito faz do mundo e do mundo em si mesmo. Há um desconhecimento constante, um sentimento que escapa ao sujeito. Como decorrência disso, o discurso é sempre o receptáculo de fragmentos, oposições, ambiguidades e conflitos.

Pereira Júnior (1997) visualiza a notícia através da ótica da rotina produtiva quando diz: *os critérios estabelecidos pelos editores de texto ao longo de seu trabalho apontam para uma possível rotinização do trabalho jornalístico com a finalidade de organizar o caos circundante.*

É possível observar que o autor aposta na fidelidade da organização rotineira na produção textual jornalística. Em sua dissertação de Mestrado intitulada "Construindo a notícia" (1º de outubro de 1997) na Pontifícia Universidade Católica do Rio Grande do Sul, área de Comunicação Social, Pereira Júnior crê no papel relevante da produção da notícia.

Abrantes (1997) desenvolveu a pesquisa de mestrado: "Aluno excluído do sistema público: a identidade em construção", na Pontifícia Universidade Católica de São Paulo na área do conhecimento: psicologia educacional. O autor buscou compreender o impacto das experiências escolares na construção da subjetividade de um aluno. Nessa busca, procurou resgatar a manifestação da identidade de uma pessoa à medida que o coletivo determina sua exclusão social, sendo a Instituição Escolar o grande instrumento.

Utilizou-se, para tanto, da história de vida como técnica de pesquisa. Ao longo do seu trabalho, observou a dura discriminação que permeia a vida de quem a sociedade considera incapaz. Assim se posiciona, também, quando emite um juízo a respeito do protagonista — aluno incapaz — que irá entremear em toda sua vida, decretando a sua desqualificação, culminando no seu encaminhamento para uma Instituição destinada a pessoas com deficiência.

D'Antino (2001) produziu a tese de doutorado: "Deficiência e a mensagem reveladora da instituição especializada: dimensão imagética e textual", na Universidade de São Paulo — Psicologia Escolar e do Desenvolvimento Humano, na área do conhecimento: Educação Especial, cujo objetivo era compreender e desvelar facetas da mensagem de instituições especializadas no atendimento a pessoas com deficiência física ou mental, de caráter assistencial — filantrópico, através de campanhas de captação de recursos, veiculadas na mídia eletrônica e impressa e sua possível consequência na perpetuação do estigma em relação a este segmento da população.

A autora partiu de indagações pontuais: 1. O que revelam as mensagens institucionais na atualidade e contexto brasileiro, em suas campanhas de captação de recursos? 2. Há participação dessas mensagens na perpetuação do estigma em relação à pessoa com deficiência? 3. Qual a concepção de deficiência que norteia a produção publicitária? 4. De que forma aparece o poder filantrópico nesse tipo de campanha? O *corpus* da pesquisa, de caráter empírico, deu à autora-pesquisadora a constatação que "a propaganda institucional veiculada na mídia" está "na ambivalência própria de sua longa existência e com a força de valores trazidos de Esparta, vincula a imagem da pessoa com deficiência à carência, à incapacidade, dependência, abandono, infantilização, assexualidade etc. Silenciando suas vozes e, ao mesmo tempo, paradoxalmente, expondo e distorcendo suas imagens ao sabor das necessidades econômicas das próprias instituições".

A essa constatação, a autora procedeu à pesquisa, composta por duas entrevistas com diretores de criação de grandes agências de publicidade e oito peças publicitárias. Apreende-se daí forte contribuição para que as reflexões que dela emergiram possam servir de fonte geradora de processos críticos e reflexivos para os dirigentes institucionais, os profissionais da área especializada e da mídia e demais interessados no tema, desvelando a mediação dos preconceitos e estereótipos nas relações sociais com esta.

A esse respeito, a novela "Páginas da Vida"[2] do autor Manoel Carlos, que aborda, entre outros, o tema da deficiência, mostra a luta de uma mãe, cuja filha tem síndrome de *down*, numa afirmação de que a luta é cruel e desamparada devido ao preconceito.

Dentre os trabalhos ora revisados, tanto através do portal da CAPES como de outras fontes, constatamos a ausência quase total de estudos na área específica para a qual direcionamos nossa pesquisa: *Inclusão e deficiência: em busca de representações sociais na mídia impressa de Natal/RN*. Percebemos que a maioria das pesquisas localizadas enfoca outras áreas do conhecimento como: educação inclusiva, acessibilidade arquitetônica, inserção no mercado de trabalho, reabilitação, dentre outras.

Pela relevância do papel que a mídia impressa, como instituição de produção de informações, exerce na nossa sociedade, em poder proporcionar à população informações em relação aos direitos que os cidadãos com deficiência têm ao acesso social em todos os níveis, é que torna este estudo importante, no tocante às possibilidades das estratégias que podem ser utilizadas pela mídia, mobilizando e estimulando a sociedade a realizar e programar ações. A nossa pesquisa é focada na representação que a mídia impressa, como veículo de comunicação, tem em relação à inclusão e defi-

---

2. Novela veiculada pela Rede Globo de Televisão no segundo semestre de 2006 e finalizada em março de 2007.

ciência. Estamos diante de um grande desafio, ou de um verdadeiro paradoxo: refletir acerca das representações sociais da Instituição, mídia impressa, que filtra e formata suas informações em detrimento dos seus interesses e da sociedade, tornando visível o que quer que seja visível. Portanto, tornar claro o poder institucional da mídia, considerado como o *quarto poder*, é emergente, em função aos preceitos de justiça e igualdade social para as pessoas com deficiência que são excluídas duplamente: pela sociedade e pela ausência de visibilidade na mídia.

Nesse sentido, Carneiro (2003), autora da dissertação de Mestrado intitulada "Uma construção compartilhada", pela Pontifícia Universidade Católica de São Paulo — Comunicação e Semiótica, na área de Comunicação, fala da amplitude e da maleabilidade do gênero reportagem que transita por outros gêneros jornalísticos e não jornalísticos, atualizando e recriando os códigos do universo jornalístico.

Por todo o trabalho, a autora infiltra discussões sobre a construção do texto da reportagem como uma espécie de testemunho, um relato jornalístico sobre aspectos da contemporaneidade, a partir de um amplo diálogo que o repórter estabelece com o público, com as fontes entrevistadas, com saberes especializados, e até com textos de outros gêneros e com o contexto.

A autora procedeu ao estudo do gênero reportagem a partir da aproximação com aspectos do sistema teórico de Mikhail Bakhtin, especialmente o dialogismo, formulado pelo pensador russo como ciência das relações e o conceito de gêneros, concebidos pelo autor, como tipos relativamente estáveis de enunciados que organizam a comunicação humana.

França (1995), através da dissertação "A incompatibilização da cidade para cidadãos deficientes de locomoção: uma questão de cidadania", defendida na Universidade de Brasília, área de conhecimento Arquitetura e Urbanismo, trata da acessibilidade aos espaços públicos relacionada com as dificuldades de locomoção apresentadas pelas pessoas com deficiência física e/ou visuais. As barreiras físicas encontradas nos espaços públicos urbanos de circulação e suas implicações no cotidiano de milhares de pessoas que vivenciam o problema.

A acessibilidade, diz a autora, *não pode ser um conceito enclausurado dentro do simples processo do poder entrar e sair de determinados espaços físicos, mas, a acessibilidade que dá cor à vida das pessoas.*

Quevedo (2003), comungando das mesmas preocupações de França, fê-las suas em sua dissertação de Mestrado "Obstáculos à qualidade de vida do deficiente físico: estudo de caso junto às Instituições Públicas de Ensino" pela Universidade Federal de Santa Maria (RS), área de Engenharia de Produção, na qual conclui que *as instituições públicas de ensino de 2º e 3º graus, (ensino médio e superior) da cidade de Santa Maria, não apresentam, em geral, condições de acessibilidade e permanência de deficientes físicos, em seu interior, o que vem reforçar a hipótese da não possibilidade de inserção do deficiente físico cadeirante, quer social, quer no mercado de trabalho, através da educação formal, impedindo-o de atingir graus elevados de qualidade de vida.*

Fica evidenciado que "sem acesso" torna-se difícil para as pessoas com deficiência serem inseridas no contexto social e pela relevância da acessibilidade arquitetônica para a inclusão social em todos os seus aspectos, a omissão da MÍDIA, em relação à visibilidade da questão, perpetua traços de um passado histórico de segregação e discriminação, que ainda permeia o imaginário social.

Marques (2001) corrobora os dois estudos anteriormente citados com seu trabalho de doutorado "A imagem da alteridade da mídia" pela Universidade Federal do Rio de Janeiro, na área da comunicação. Apreende os sentidos produzidos e veiculados sobre a deficiência nos jornais "Folha de S.Paulo", "Jornal do Brasil" e "O Globo", utilizando a metodologia da análise do discurso na perspectiva francesa, identificando três formações ideológicas nas respectivas formações discursivas: **a exclusão**, que aponta para o isolamento das pessoas com deficiência; **a integração**, que caracteriza a visibilidade; e **a inclusão**, que está fundamentalmente caracterizada pela acessibilidade. Em seu trabalho, o autor associa a acessibilidade com a inclusão social, o que faz a ponte com a questão arquitetônica, pesquisada por França e outros.

Constatamos, assim, a ausência de uma análise psicossocial, até mesmo nas pesquisas da área da comunicação, que a abordaram numa perspectiva exclusivamente jornalística. Importa-nos nesta pesquisa ir além do explicitado, investigar aspectos subjacentes à seleção dos fatos a serem noticiados, bem como da notícia a ser lida, comentada, repercutida entre interlocutores de um mesmo grupo social.

Por esse motivo, selecionamos as teorias da representação social e da comunicação social, selecionando Moscovici e Wolton como autores principais pela pertinência das suas abordagens ao objeto de estudo assim configurado. Tal objeto demanda por teorias que permitam acessar a dimensão estruturante da comunicação formadora de representações, bem como capturar as representações circulantes nos textos jornalísticos.

Capítulo II

Neste capítulo, desenvolvemos a articulação teórica entre as representações sociais e a comunicação, na perspectiva de Moscovici e Wolton, respectivamente. Essa postura implica, necessariamente, falar dos processos de formação das representações sociais na confluência com a mídia impressa. Concordando com Moscovici (1978) que é no processo comunicacional que as representações sociais são geradas e expressas, buscamos, também, as ideias de Wagner (1998), acerca da sociogênese das representações sociais. De acordo com esse autor, as representações sociais distinguem-se a partir de suas origens e destinações, razão pela qual a sociogênese é fundamental para caracterizar este estudo e elucidar o nosso percurso de análise.

2. APORTES TEÓRICOS: a representação e a comunicação sociais

> Há numerosas ciências que estudam a maneira como as pessoas tratam, distribuem e representam o conhecimento. Mas não o estudo de como, e por que, as pessoas partilham o conhecimento e desse modo constituem sua realidade comum, de como eles transformam ideias em prática — numa palavra, o poder das ideias [...] (*Serge Moscovici*)

2.1 Representação social

O conceito de representações sociais teve sua origem nos trabalhos de Durkheim (1970). Através do objeto de sua investigação *As práticas religiosas das tribos das sociedades primitivas australianas*, enquanto fenômenos capazes de assegurarem laços entre os sujeitos de uma sociedade e de mantê-los através das gerações, considerou a prática social como uma representação coletiva.

A visão de Durkheim acerca das representações coletivas é justificada como uma espécie de guarda-chuva que reúne várias formas de pensamento e saberes, que, compartilhados entre os sujeitos, exercem uma força sobre o indivíduo, conduzindo-o a pensar e a agir de forma homogênea. Durkheim (1970) considerava, ainda, que o saber partilhado e reproduzido coletivamente, transcende o indivíduo, ao ponto de afirmar na época: *Sempre que um fenômeno social é diretamente explicado por um fenômeno psicológico, podemos estar seguros que a explicação é falsa.*

Essa forte oposição entre o indivíduo e o coletivo, na teoria de Durkheim, é superada com a construção da teoria das Representações Sociais, não mais no campo da sociologia, mas na *interação* entre o indivíduo e o social, captado pela psicossociologia de Serge Moscovici, que retomou o estudo das representações e despertou o interesse de um pequeno grupo de psicólogos sociais, fazendo reviver tal noção. Esse pequeno grupo de teóricos representado por Abric (1976), Codol (1969) e Flament (1967) vislumbraram a possibilidade de abordar os problemas de sua disciplina dentro de um novo espírito, de estudar os comportamentos e as relações sociais sem deformá-las nem simplificá-las, e de atingir resultados originais. As representações permitiram-lhes estudar os problemas da cognição e dos grupos, o que se tendia a negligenciar cada vez mais. Estudar a difusão dos saberes, a relação pensamento/comunicação e a gênese do senso comum, o que os ingleses chamam de "lay thinking", constituiria elementos de um programa que se tornou usual desde então.

Ilustramos as ideias acima com a Figura 1, a qual caracteriza nosso entendimento de que uma representação constitui-se no espaço de interseção entre a comunicação social e o indivíduo no seu contexto de leitor-falante--ouvinte. Elaboramos esta figura a partir do esquema original de Moscovici sob a dimensão psicossocial das representações na interseção entre o individual e a sociedade.

Esse pensamento vem corroborar a perspectiva da psicologia social, a qual compreende que o conhecimento nunca é uma simples descrição ou cópia do estado das coisas. Ao contrário, o conhecimento é sempre produzido através da interação e comunicação e sua expressão está sempre ligada aos interesses humanos que estão nele implicados.

Segundo Thomas e Znaniecki (1918), apud Doise (2001, p. 188) apud Jodelet (2001), os valores sociais são considerados como elementos objetivos, próprios do modo de vida coletivo e social de um grupo; já as atitudes psicológicas são consideradas como tendências ou disposições para agir, igualmente

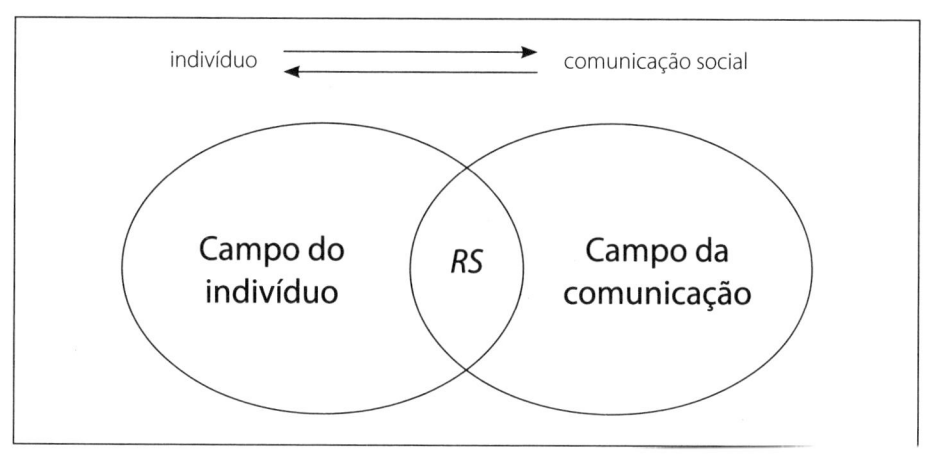

FIGURA 1   Representação social: Interseção entre o indivíduo e a sociedade

objetivas e observáveis, mas próprias aos indivíduos membros desse grupo. Um diploma universitário, uma preparação culinária e uma moeda podem constituir também valores culturais próprios, aos quais os membros dessa cultura esforçam-se para aderir. As atitudes são para Thomas e Znaniecki (1918, p. 23), *um mecanismo psicológico estudado principalmente em seu desenrolar, em relação ao mundo social e em conjunção com valores sociais.*

Nessa perspectiva, para Moscovici (1978), as representações sociais são produtos dos movimentos sociais, construídas coletivamente nas interações sociais, com valores e ideias que circulam na sociedade.

Para o teórico, a definição de representações como "sociais" tem o intuito de evidenciar a dinâmica social — estas seriam produtos dos movimentos sociais — que existe no interior dos grupos, correlacionada com a vida emocional e intelectual dos indivíduos na sociedade, a partir da comunicação. Portanto, falar em representações sociais como sistema que organiza as relações dos indivíduos com o mundo implica, fundamentalmente, discutir o papel da comunicação e da sua influência na orientação de condutas e na elaboração de comportamentos dos sujeitos no campo social. Consequentemente, é uma teoria que tem como direção as condutas, move-se, constrói-se e reconstrói-se no movimento social, servindo de guia para as práticas humanas.

Moscovici (1978) admite que haja diferentes sistemas de comunicação midiática: a difusão, a propagação e a propaganda. Para o autor, **a difusão** é um processo pelo qual a transmissão da informação é repassada para um receptor, que vai codificá-la de acordo com conhecimentos prévios, podendo surgir as mais diversas opiniões. Para ele, os meios de comunicação orientam, estimulam a manifestação de atitudes e opiniões, que, por sua vez, criam representações das mais diversas, em consonância com os valores individuais e particulares que cada um tem. Na verdade, uma informação parte de um meio de comunicação e rapidamente está nas mãos de uma multidão que registra a mensagem de acordo com a sua própria história.

Essa afirmativa é corroborada pelo texto que segue:

> De todas as atividades humanas, a fabricação dos fatos é a mais intensamente social; foi essa evidência que permitiu recentemente à sociologia das ciências desenvolver-se. O destino de um enunciado está, literalmente, nas mãos de uma multidão: cada um pode esquecê-lo, contradizê-lo, modificá-lo, transformá-lo em artefato, escarnecer dele, introduzi-lo num outro contexto a título de premissa, ou, em alguns casos, verificá-lo, comprová-lo e passá-lo tal qual a outra pessoa, que, por sua vez, o passará adiante. A expressão "é um fato" não define a essência de certos enunciados, mas alguns percursos pela multidão (Latour, 1983; Jodelet, 2001, p. 31).

A **propagação** caracteriza-se como produto organizado da informação, feita por determinados grupos, no sentido de propagar suas crenças, impor um novo olhar. Já a **propaganda** procura impor suas ideias através da luta pelo convencimento e pela persuasão. É a oposição entre o verdadeiro e o falso saber, a transmissão de uma visão antagonista de uma incompatibilidade entre a visão do mundo próprio à fonte e à visão mistificadora.

As representações sociais se constroem no espaço das comunicações e, se elas interferem na formação de atitudes das pessoas e grupos, podemos pressupor que os meios de comunicação, a mídia impressa, meio midiático do nosso estudo, contribuem decisivamente para a formação das atitudes e opiniões dos leitores e daqueles que com esse meio compartilham.

Segundo Moscovici (1978), os meios de comunicação são mais que veículos de informação, são formadores de representações sociais, uma vez que as representações sociais se formam em espaços de comunicação [...] *a representação social é uma modalidade de conhecimento particular que tem como função a elaboração de comportamentos e a comunicação entre os indivíduos* (Moscovici, 1978, p. 26). Essa ideia é ratificada por Nóbrega quando afirma:

> As modalidades de deslocamento das representações através das formas de comunicação — difusão, propagação, propaganda — correspondem, respectivamente, à edificação das condutas de opinião, atitudes e estereótipos. Cada forma de comunicação tem por efeito a produção de representações sociais específicas, conforme a dinâmica de interações realizadas entre os sujeitos e o objeto articulado no âmbito do pensamento social (Nóbrega, 2001, p. 80).

De acordo com o pensamento de Moscovici, a comunicação social é responsável pelo modo como as representações são formadas e pelas repercussões destas nas interações sociais. Para o autor, o processo de formação dá-se em três níveis: 1) o cognitivo — relacionado ao acesso desigual das informações, interesses ou implicações dos sujeitos; 2) a formação da representação — objetivação e ancoragem — é a partir da **objetivação** que um objeto torna-se familiar, ou seja, que os sentidos a ele atribuídos são materializados; enquanto na **ancoragem** o objeto confronta-se com os valores já estabelecidos no seio social, identificando-se com as regras asseguradas pela sociedade e 3) a edificação das condutas, sendo as opiniões geradas pela difusão; as atitudes, pela propagação e os estereótipos, pela propaganda.

Jodelet (2001) observa que as representações sociais — enquanto sistemas de interpretação que regem nossa relação com o mundo e com os outros — orientam e organizam as condutas e as comunicações sociais. Da mesma forma, elas intervêm em processos variados, tais como a difusão e a assimilação dos conhecimentos, o desenvolvimento individual e coletivo, a definição das identidades pessoais e sociais, a expressão dos grupos e as transformações sociais.

Wagner (1998) apresenta uma contribuição relevante para nossa reflexão ao mostrar que os objetos representados são muitos e advindos de uma adversidade cultural, trazendo implicações na construção das representações sociais. Segundo o autor, os objetos sociais nascem, evoluem, adquirem características e determinadas funções de acordo com sua origem. Ao chamar a atenção para a sociogênese das representações sociais, Wagner (1998) distingue três campos diferentes de pesquisa das mesmas:

a) A representação social da ciência popularizada que nasce através das ideias científicas e filosóficas e que se firma no discurso que circula da ciência e chega ao universo consensual. Domínio este que tem como base os estudos de Moscovici sobre a psicanálise.

b) A representação social da imaginação cultural que condiz com as representações de objetos culturais edificados num longo caminho histórico, que vêm se solidificando desde a infância e por isso compartilhados, o que lhes dá uma característica mais duradoura e estável.

c) A representação social de estruturas sociais e eventos específicos que está relacionada às representações de cunho polêmico, advindas de situações de conflitos que mudam a rotina estabelecida e podem ser identificadas no interior dos grupos aos quais pertencem, por exemplo, os excluídos socialmente.

Carvalho (2003) corrobora essas ideias de Wagner (1998) e vai mais além ao sublinhar a trajetória dos objetos no seu processo representacional, isto é, ao descrever os caminhos de cada um dos tipos de representação entre o senso comum e o universo reificado. A partir de uma base empírica, a autora demonstra que, na ciência popularizada, o objeto desenvolve um percurso representacional do universo reificado para o senso comum. Os outros dois tipos de representação, tanto no de imaginação cultural, quanto no de estrutura social e eventos específicos os objetos circulam "no chão onde pisamos", o mundo vivido do senso comum, das ações, intervenções imediatas, das conversações cotidianas. A diferença é que a trajetória representacional desse último é mais breve no tempo e mais restrita no espaço que a trajetória do segundo tipo.

Com base nesses dois autores, identificamos o objeto dessa pesquisa no terceiro tipo, uma vez que está circunscrito a um breve espaço de tempo (textos jornalísticos veiculados entre: 1996 e 1997), e envolve um grupo social específico. Acreditamos que nossa posição é coerente com as características do objeto de estudo, pois o próprio Wagner ressalta que, para um objeto ou fenômeno social ter a relevância em se transformar em representação social, são necessárias mudanças que alteraram a rotina da sociedade (alta incidência de notícias) acerca da temática, que se caracteriza em um vetor de conhecimento sobre o assunto.

2.2 Comunicação social

> Os meios de comunicação dão início à ação social organizada ao revelarem situações discrepantes dos padrões morais públicos. (*Gabriel Cohn*)

Estamos no século XXI e parece-nos por demais atual o que dizia Dominique Wolton (2004), reportando-nos ao século passado: [...] *a comunicação é um dos mais brilhantes símbolos do século XX; seu ideal de aproximar os homens, valores e as culturas, compensa os horrores e as barbaridades da nossa época*. Continua o teórico em sua admiração pela comunicação: [...] *é também uma das frágeis aquisições do movimento de emancipação, uma vez que o seu progresso caminha junto com o combate pela liberdade, pelos direitos humanos e pela democracia*. São visíveis, neste século, as dúvidas e as questões herdadas de uma comunicação triunfal, porém fortemente marcada por suas ambiguidades e seus avanços.

Dominique Wolton (2004), o grande teórico da área da comunicação, dirigente do laboratório de comunicação e política do Centro Nacional de Pesquisa da França — CNRS apresenta ideias que favorecem a temática em questão, quando discute, na relação **comunicação e sociedade**, os três sentidos fundamentais da comunicação: a comunicação direta, a comunicação técnica e a comunicação social.

a) **Comunicação Direta** consiste em compartilhar com o outro. Simplesmente, não há vida individual e coletiva sem comunicação. Não há seres humanos sem sociedade, como não há sociedade sem comunicação. Ou seja, há uma representação do outro, no comunicar que consiste difundir, mas também interagir com um indivíduo ou uma coletividade. A Comunicação em sua dimensão mais normativa é aquela que evoca o ideal de trocas, de compreensão e de partilhas mútuas.

b) **Comunicação Técnica** tanto é aquela exercida de forma direta entre duas ou mais pessoas, como a que é mediatizada pelas técnicas como: telefone, televisão, jornal, rádio e informática, dentre outras. A evolução foi tão imensa que se comunicar instantaneamente com pessoas do outro lado do mundo, pelo som, pela imagem ou pelas palavras, é comum nos dias atuais — assim se processa a chamada ALDEIA GLOBAL.

c) **Comunicação Social funcional** torna-se uma necessidade social funcional para as economias interdependentes. Se o modelo é de abertura e em interação com uma divisão internacional de trabalho, os sistemas técnicos dos computadores ligados às redes e aos satélites são uma necessidade funcional, sem relação com o modelo de comunicação normativa — COMUNICAÇÃO MUNDIAL.

Para o autor, há um ponto comum entre esses três níveis da Comunicação: "a interação", onde impera a ambiguidade: as interações da comunicação funcional não são sinônimas de intercompreensão. E o mais importante na informação e na comunicação não são as ferramentas nem os mercados, mas, sim, **os homens, a sociedade e as culturas**, isto é, não haverá comunicação social sem uma teoria da comunicação subjacente a ela, ou seja, suas raízes são as representações das relações humanas e sociais, e uma teoria de sociedade daí emergida.

A associação das teorias da Representação Social e da Comunicação Social vai fundamentar as discussões que pretendemos fazer, tanto pela afinidade que há entre elas, quanto pelo objeto de estudo que investigamos: Inclusão e deficiência e sua representação social a partir da mídia impressa.

É no processo comunicacional que se expressam as representações sociais, razão pela qual, neste estudo, detemo-nos na articulação teórica entre Wolton (2004) e Moscovici (1978). O esforço de articular o pensamento desses dois autores serviu-nos de guia, tanto na tessitura do corte epistemológico, nos procedimentos de coleta dos dados, como também na orientação analítica dos resultados. Neste tópico, portanto, explicitam-se as interfases encontradas entre algumas ideias chave dos autores.

Moscovici considera a comunicação como parte dos estudos das representações sociais e formula: [...] *é uma modalidade de conhecimento particular que tem por função a elaboração de comportamentos e a comunicação entre os indivíduos* (Moscovici, 1978, p. 27). Ou seja, ela se constrói no interior de um processo relacional em que a comunicação social desempenha um papel de primeiro plano. Essa relação entre os dois campos é reconhecida por diversos teóricos e, segundo atesta Jodelet (2001), a comunicação, em sendo veículo de transmissão de linguagem, é detentora em si mesma de representações sociais.

Ao cotejar as ideias dos dois autores, observamos que a comunicação direta, apresentada por Wolton (2004), equivale à difusão no sentido moscoviciano, pois, consideramos as opiniões como frutos da comunicação direta woltoniana. Postulamos aqui outra equivalência com relação à comunicação técnica woltoniana e à propagação, segundo Moscovici. Isto porque tal tipo de comunicação, não podendo ser direta no compartilhar com o outro, requer meios midiáticos para se efetivar: telefone, televisão, internet, rádio e jornal. O produto dessa comunicação técnica ajuda a formar as atitudes. Enfim, propomos que o terceiro nível de comunicação woltoniana, a comunicação social, desempenha a função social de propagar. Em síntese, a propaganda, sem relação com o modelo de comunicação normativa, constrói os estereótipos.

O outro aspecto relevante dos dois autores é que ambos sintetizam seus pensamentos num ponto comum: **a interação**. Esta articula todos os níveis da comunicação mundial, tanto na difusão como na propagação e na propaganda, quer seja formando opiniões, atitudes e estereótipos.

Vale ressaltar a relevância que impõe a este estudo investigar como acontece a **seleção da notícia**. Refletir sobre esse aspecto, através da mídia impressa, foi um dos passos mais importante da pesquisa que realizamos.

Capítulo III

Neste capítulo, reconhecendo o papel que a mídia impressa, jornal, tem exercido na formação de representações e a necessidade de compreender como se processa a escolha da notícia a ser veiculada e lida, buscamos investigar como jornal, jornalistas e leitores fazem a referida filtragem e quais os critérios de seleção das mesmas. Em outras palavras, fazemos uma reflexão dialética entre a sociedade e o jornal.

3. A ESCOLHA DA NOTÍCIA:
mídia impressa

> Na verdade, o desafio da comunicação não é a gestão das semelhanças, mas a gestão das diferenças (*Dominique Wolton*).

A relação existente entre as representações sociais e a comunicação social através da mídia impressa levou-nos a buscar compreender como se processa a seleção da notícia, pela relevância dessa questão para nossa investigação.

É importante elucidar um breve resumo da história do jornal, por estar o mesmo diretamente ligado ao objetivo do nosso estudo, qual seja: discutir *inclusão* e *deficiência*.

Por volta do ano 105, os chineses inventaram o papel, suporte fundamental para o desenvolvimento da imprensa. No Ocidente, os primórdios dos jornais surgiram ainda na Antiguidade, com a *Acta Diurna* publicada sob ordem de Júlio César na Roma Antiga, 59 a.C, que eram folhas de notícias da vida romana afixadas em toda a cidade.

A produção de jornais e outras publicações foi amplamente facilitada a partir da invenção da prensa móvel, por Guttenberg. A Bíblia, de Gutemberg, é o primeiro livro impresso em tipografia. Entre 1465 e 1467 são impressos o De Civitate Dei, de Santo Agostinho e o De Oratore, de Cícero. Somente com a Revolução Industrial, no século XVIII, é que o jornal ganhou formatos semelhantes ao atual e consolidou-se como fonte principal de informação da sociedade ocidental. Já na Ásia, em algumas de suas culturas, os jornais seguiram caminhos mais identificados com a divulgação de informações por fontes oficiais de poder.

A partir de Gutemberg, vários foram os fatos e as datas que marcaram a vida da imprensa no Brasil e no mundo. No Brasil, o primeiro jornal a circular foi o "Correio Brasiliense", editado por Hipólito José da Costa, impresso em Londres e distribuído na colônia a partir de 1808. No mesmo ano, o governo real de Dom João VI fundou o primeiro jornal publicado inteiramente no Brasil, o "Diário do Rio de Janeiro". O exercício do jornalismo é difundido pelo Decreto n. 1.177 e condiciona esse exercício ao diploma de curso superior e registro no Ministério do Trabalho. Como advoga Alberto Manguel em Noblat (2003, p. 38) [...] *a palavra escrita é mais do que nunca a nossa principal ferramenta para compreender o mundo*. E conclui o canadense ensaísta: *A grandeza do texto consiste em nos dar a possibilidade de refletir e de interpretar.*

Os meios de comunicação exercem o papel de intérpretes da realidade social, de mediadores do conhecimento, filtrando a realidade desde o momento em que selecionam previamente os conteúdos que vão transmitir e a forma como apresentá-los. São regidos por princípios da simplificação, esquematização e homogeneização da informação, que permitam compreender e posicionar-se ante os fenômenos complexos, com a finalidade de apresentar uma realidade objetiva, certa e verídica.

Esse problema da globalização das comunicações está estreitamente ligado ao processo de construção social da realidade e, em particular, vincula-se à fundamentação das identidades sociais, que surgem graças à existência de um pacto democrático. Os meios de comunicação exercem uma influência fundamental no desenvolvimento de imagens sociais e públicas, e o modelo independente de construir identidades nutre-se de convencionalismo. Assim, o grupo de pessoas com deficiência vê como se desenvolve nos meios de comunicação uma identidade que não o leva em conta.

O impacto é maior quando se desconhece o fenômeno que se aborda na comunicação, quando se está diante de temas com os quais a maioria das pessoas tem contato distante e casual. Ao planejar a inclusão social e imagem pública das pessoas com deficiência, é necessário voltar a insistir que há de se ter em conta a imagem social, sua representação e comunicação. Assim, torna-se muito difícil tentar estabelecer a inclusão escolar ou laborativa dessas pessoas, se existem imagens, representações sociais e atitudes prejudiciais, que desaconselham sua contratação e sua inserção social.

Reportamo-nos aos seminários realizados em Natal nos anos de 1996 e 1997, em parceria com o Sindicato dos Jornalistas do Rio Grande do Norte — SINDJORN, cujo tema versava sobre mídia e deficiência. Houve a participação efetiva de muitos jornalistas do RN.

IMAGEM 2   I Seminário Mídia e Deficiência — Fonte: Tribuna do Norte

No Seminário ocorrido em 1996, o jornalista Ney Leandro de Castro, que participou da Mesa Redonda sobre o tema "Como passar para a sociedade a imagem de pessoa com deficiência", afirmou ser pouco o que é feito pela mídia em favor das pessoas com deficiência. Trouxe à tona a lei que determina a existência de legenda nas programações da TV, inclusive fazendo a pergunta: Qual a emissora que respeita esta lei?

IMAGEM 3 | I Seminário Mídia e Deficiência — Fonte: Assessoria de Comunicação do Evento

Também nesse Seminário de 1996 esteve o jornalista Caco Barcelos, que participou da Mesa Redonda sobre o tema: Os meios de comunicação de massa na transmissão de imagens. Conforme noticiou o "Diário de Natal", à época, "o jornalista Caco Barcelos fez um relato carregado de autocrítica, onde não foram poupados os profissionais da mídia ou as empresas jornalísticas. Para ele, os avanços tecnológicos não foram suficientes para transformar a mídia em um segmento ético". Segundo o mesmo jornal, Caco Barcelos chegou a frisar: "Esta mesma mídia, apesar de ser moderna, é voltada para si própria e não para os interesses da sociedade".

Há um tratamento adequado dos problemas e soluções das pessoas com deficiência nos meios de comunicação? Se entendermos por tratamento o planejamento de uma determinada finalidade social, através dos formatos construídos sobre um conhecimento científico, com alternativas e propostas de solução, podemos afirmar que não há. O que existe a respeito ainda é muito escasso, insuficiente.

A respeito disso, Alcione Araújo, escritor e dramaturgo do Rio de Janeiro, em entrevista concedida ao jornal "Tribuna do Norte", de Natal/RN (31-10-97), durante o II Seminário "A Mídia e a Pessoa com Deficiência", afirmou:

A origem do preconceito está na sociedade que desconhece os seus próprios direitos de cidadania e, principalmente, o direito daqueles que são portadores de deficiência. O ponto nevrálgico dessa questão é a falta de consciência do cidadão. É claro que a mídia tem uma parcela de responsabilidade nisso tudo.

E indagado pelo repórter sobre o que falta à mídia, respondeu: *Falta assumir postura crítica diante dessa realidade, desse preconceito. Mas a mídia simplesmente reproduz o que a sociedade é, e falta a esta sociedade adquirir consciência.*

O caminho para que a sociedade rompa essas barreiras é debater a questão, é refletir sobre uma saída, não escamoteando e disfarçando essa realidade. E já que reconhecidamente a mídia não trabalha a questão, através de uma visão crítica da sociedade, levando a um grau de prejuízo que só reforça e amplia o preconceito, já que a pessoa com deficiência faz parte dessa sociedade, não há como negar a relação mídia e sociedade.

IMAGEM 4   II Seminário Mídia e Deficiência — Fonte: Assessoria de Comunicação do Evento

No mesmo seminário, realizado em 1997, o jornalista Pedro Bial, da Rede Globo de Televisão, que participou da Mesa Redonda sobre o tema: "A arte sem preconceito: o caminho e o talento", alerta que *o talento é que deve ser visto primeiramente e reconhece que é preciso tratar as diferenças sem mistificá-las.* Para ele falta mesmo uma reflexão sobre cidadania. Disse: *Temos que conhecer as diferenças, para daí termos consciência das semelhanças.* E acrescentou, ainda, que, *Todos nós temos deficiências, só que algumas são mais aparentes.*

É preciso que a sociedade, de um modo geral, perceba que a deficiência é diferente da ineficiência e que o jornalista, responsável por uma grande parcela da formação da opinião pública, tenha o compromisso ético de esclarecer as dúvidas e tratar o assunto com toda a responsabilidade que o tema requer.

O poeta Vinícius de Morais, no prefácio do livro Minha Profissão é Andar, de João Carlo Pecci (1980 p. 5), declarou: [...] *inválidos são os que de plena posse de seus movimentos mantêm a vida paralítica dentro deles e só pensam em paralisar as dos demais.* Tal afirmação leva-nos a uma reflexão de que a mídia apenas reproduz linearmente essa realidade. Falta-lhe consciência da realidade vivenciada pelas pessoas com deficiência para que se possa auxiliar efetivamente a construir uma visão real, positiva sobre as mesmas.

Demétrio Casado, Secretário Executivo do Real Patronato da Espanha, criador e idealizador de vários seminários acerca do assunto, afirmou (apud Alvarez, 1998):[1]

> As imagens das pessoas portadoras de deficiência são fatores decisivos nas atitudes e comportamentos sociais diante dos mesmos. Tais imagens se transmitem, em grande parte, através dos meios de comunicação, tornando-se conveniente cuidar tanto da formação de imagens da pessoa portadora de deficiência como da sua divulgação.

A imagem social das pessoas com deficiência tem estado relacionada, em parte, pelo tipo de informação que sobre elas aparecem ou são omitidas nos meios de comunicação. E, muitas vezes, quando é oferecida por esses meios, é um reflexo da percepção dominante, imposta pela sociedade, sobre o "homem padrão", aparecendo, assim, prejuízos e estereótipos como componentes

---

1. Obra sem numeração de páginas.

de um mesmo processo de percepção social, intervindo e influenciando na visão que se tem do outro e dos acontecimentos que os rodeiam. Na verdade, acreditamos que não há padrão de normalidade, nem muito menos homem padrão. Cada um é sua própria referência; crescer é progredir em relação a si mesmo.

Os meios de comunicação têm grande peso na formação de opiniões e na difusão de atitudes, no aumento do percentual de análise de opinião sobre os temas sociais. Assim, além de informar, divertir e persuadir, tem a obrigação de mostrar imagens justas, apresentando o feito humano, o mais próximo possível da realidade.

A forma que os meios de comunicação utilizam, em geral, para veicular os acontecimentos sociais baseia-se na notícia que representa, aproximadamente, 70% de um jornal. Já a reportagem é a matéria mais elaborada, onde se trata melhor um tema e os informes especiais permitem, não sem risco, eliminar os estereótipos.

A utilização de algumas estratégias pelos meios de comunicação poderia melhorar, destinando um maior tempo e espaço para incluir a diversidade de enfoques e opiniões, ouvir e incluir a voz da pessoa com deficiência, os especialistas no assunto e os mais próximos dessa realidade. Os veículos que não se abrirem ao debate sobre a deficiência estarão deixando de cumprir a obrigação de esclarecimento ao público, pois o jornalista tem que estar consciente da sua missão social. Quanto mais responsabilidade ele tiver, mais aparelhado estará para decidir o que publicar. E a chave é conhecer o assunto sobre o qual escreve.

Normalmente, os meios de comunicação apresentam a imagem da pessoa com deficiência destacando a deficiência, chamando a atenção do leitor para o defeito físico. Tomemos como parâmetro situações vivenciadas durante o I Seminário "A Mídia e Deficiência", realizado em Natal/RN, nos dias 28 e 29 de outubro de 1996.

O escritor paulista Marcelo Rubens Paiva veio a Natal para fazer palestra nesse evento e participou da mesa-redonda sobre o tema: "Estigma e precon-

IMAGEM 5 | I Seminário Mídia e Deficiência — *Fonte*: Assessoria de Comunicação do Evento

ceito: como identificar o limite?" Encontrou no hotel, onde se hospedou, dificuldades de acesso — barreiras arquitetônicas — no banheiro. Um dos maiores jornais do Estado, o Diário de Natal, na edição do dia 29-10-96, coloca na manchete de primeira página: *Deficientes — Conferencista paraplégico sofre em hotel*, focalizando a atenção do leitor no déficit físico, e não na pessoa, mesmo em se tratando de um escritor conhecido, fazendo-o perder, naquele momento, sua identidade como pessoa, sendo destacada apenas a sua deficiência. O tratamento utilizado, portanto, revela a discriminação. O enfoque, em vez de questionar o hotel pela inadequação de suas instalações, responsabiliza o hóspede por ter uma deficiência. Podemos concluir, diante desse fato, que uma matéria que diz respeito a uma particularidade de uma pessoa só pode ser escrita se o jornalista tiver certeza de que o que está dizendo é verdade e souber tratá-la sem discriminação.

No entanto, a imagem que os jornais, tema central desta investigação, geram na mente do leitor — por tratarem o assunto de forma escassa, discriminatória, insuficiente, fragmentada — é uma imagem pouco consistente. Esta só avançaria se houvesse uma maior presença dos meios de comunicação na sociedade, ouvindo testemunhos diretos e, acima de tudo, buscando dar um tratamento adequado para se conseguir uma imagem social mais justa das pessoas com deficiência.

Devemos partir do princípio de que essas pessoas têm capacidades, e o que são como **pessoas** é mais importante do que a deficiência que apresentam. Portanto, sua estatura, inteligência, cor, cultura, profissão são circunstâncias. Embora sejam atributos tidos como importantes, não podem ser mais relevantes que a **pessoa**, que o **ser humano**.

Para facilitar a compreensão deste princípio, nos seminários realizados em Natal/RN (1996 e 1997) sobre o tema, foi distribuída a todos os participantes — em sua grande maioria, profissionais dos meios de comunicação — uma publicação intitulada "Mídia e Deficiência: Manual de Estilo" (Canziani, 1994, p. 17), com dez propostas para abordagem, que podem ser assim sintetizadas:

a) Mostre o lado positivo da deficiência;

b) Dê atenção às soluções;

c) Permita que as pessoas portadoras de deficiência falem por si mesmas;

d) Use o termo "pessoa portadora de deficiência";[2]

e) Evite a imagem de gueto;

f) Cuidado com os mitos;

g) Não carregue nas tintas;

h) Veja todos os lados da questão;

i) Prefira a informação normalizadora;

j) Veicule informações acessíveis e permita o acesso das pessoas à informação.

O trato com as palavras é importantíssimo, pois delas dependem a cultura, a filosofia e a própria vida. A palavra também pode ser elemento de males e discórdias. Muitos dizem que antes da palavra vieram o gesto e o movimento.

---

2. Das dez propostas, a terminologia "pessoa portadora de deficiência", apesar de constar na Constituição e em todo o aparato Jurídico, e, portanto, este termo é o que deve servir de referência quando usado em tal contexto específico. Entretanto, vários órgãos/instituições que atuam na área preferem utilizar o termo nos seus documentos "pessoa com deficiência".

Em síntese, podemos citar o poeta Jorge Guillén: *Só utilizo as palavras que tenho vivido* (apud Alvarez, 1998).

Os meios de comunicação utilizam palavras e imagens para apresentar a deficiência e suas consequências. Tomemos por exemplo o texto intitulado "Stephen Hawking", pinçado na imprensa diária da Espanha, que aparece no manual Discapacidad y Medios de Información (1990) e que foi citado no manual "Mídia e Deficiência Manual de Estilo" (Canziani, 1994, p. 22-23):

Stephen Hawking

> Impressiona ver como um dos mais potentes cérebros do mundo se alberga em um ser castigado por uma terrível enfermidade. E assombra e admira a força deste misterioso fluido que chamamos "inteligência", capaz de adivinhar fenômenos e estabelecer as mais complicadas leis físicas do triste reduto de uma cadeira de rodas. Poderia se pensar que este cérebro, impossibilitado de cumprir as funções normais de qualquer ser humano, forçado a um isolamento quase total, concentra todo o seu poder na investigação dos mais abstratos e difíceis problemas. O mais indefeso dos homens é, talvez, o mais inteligente. Um paradoxo exemplar.

Sem sombra de dúvida, essa notícia sobre o físico inglês contém na última frase — Um paradoxo exemplar — um resumo de toda a informação: revolucionário da física moderna, gênio e, por outro lado, locomove-se através de uma cadeira de rodas. A notícia reproduz e evidencia outros paradoxos exemplares, a partir de ideias equivocadas que se tem sobre as pessoas com deficiência. Ideias falsas de que, por exemplo, uma pessoa com deficiência não pode ser uma pessoa comum com virtudes e defeitos.

É o mesmo que dizer que a música de Beethoven melhorou quando ele foi perdendo a audição. Ora, a música de Beethoven será eterna por uma única razão; ele era um virtuoso. O próprio Stephen Hawking brinca com a situação numa conversa com o físico Kip Thorne. Quando questionado sobre os efeitos da doença sobre sua carreira, Hawking disse que a doença melhorou seu desempenho, pois ninguém lhe pedia para organizar cursos ou dar aulas comuns. Como bom inglês, ele também ironiza o sucesso do seu livro "Uma Breve História do Tempo" (Mídia e Deficiência Manual de Estilo, 1996, p. 23):

> É indubitável que o interesse humano de minha história — como me arranjei para ser um físico teórico apesar de minha enfermidade — contribuiu para o sucesso do livro. Mas aqueles que tiverem comprado o livro por seu possível conteúdo humano, certamente terão se decepcionado, uma vez que existem apenas poucas alusões às minhas circunstâncias pessoais. Trata-se de uma história do universo e não minha. Por que tanta gente comprou o livro? Para mim é difícil ser objeto e, assim, me apoiarei no que outros disserem. A maioria das resenhas é pouco esclarecedora e costuma seguir a fórmula: Stephen Hawking sofre do mal de Lou Ghering ou de uma enfermidade neuromotora. Está confinado a uma cadeira de rodas, não pode falar e pode mover apenas um número x de dedos (onde x parece variar de um a três, conforme o descuidado artigo a meu respeito que o autor da resenha tenha lido), no entanto escreveu seu livro abordando as mais importantes perguntas: de onde viemos, para onde vamos?

Analisando, com mais cuidado, a primeira notícia veiculada sobre o referido físico, podemos perceber que mundo sutil é este das imagens. Mesmo sem perceber, o redator foi autocrítico ao terminar o artigo: "Um paradoxo exemplar". A cadeira de rodas motorizada é um instrumento de vital importância para o físico, como também a informática. Os dois objetos — cadeira de rodas e computador — ajudam na independência de Hawking, mas o primeiro, no campo dos estereótipos, dificulta, discrimina, e o segundo facilita, liberta. A imagem de Stephen Hawking na cadeira dá margem a interpretações bem intencionadas e equivocadas, como: *O mais indefeso dos homens é, talvez, o mais inteligente.*

De maneira geral, os conhecimentos sobre a deficiência são muito pobres em dados objetivos e em vivências pessoais, estando carregados de estereótipos e prejuízos, requerendo mudanças substanciais.

Para refletir mudanças junto ao público é importante contar com os meios de comunicação. Os profissionais da mídia poderão ajudar a diminuir o preconceito. Eles detêm a capacidade e o poder de divulgar e ampliar o trabalho das associações, escolas e instituições envolvidas nesta luta pela inclusão social da pessoa com deficiência. Conseguir, porém, que os profissionais da mídia trabalhem em favor das pessoas com deficiência, e não contra (ainda que involuntariamente), é uma tarefa complexa e penosa.

Cabe-nos destacar algumas questões pontuais como, por exemplo, onde é preciso analisar com cuidado a relação do entrevistado com o entrevistador, do repórter com o editor e dentro do próprio jornal. Muitas vezes, as falhas não estão somente nos profissionais da mídia, mas têm sua origem na forma como a informação é transmitida pelas associações, escolas, instituições, pais e profissionais ligados às pessoas com deficiência.

Explicar como funcionam as redações de jornalismo é imprescindível quando se quer empreender a análise e a correção de falhas, assim como também sugerir algumas providências ao alcance dos entrevistados, para melhorar a qualidade do material divulgado pela mídia. Assim, vale destacar que os jornalistas designados para escrever matérias sobre deficiência costumam ser da editoria geral ou, no caso de grandes redações, das editorias de comportamento, educação e saúde. Geralmente, a editoria geral é por onde se ingressa no jornalismo, isto é, onde existe o maior número de jornalistas em início de carreira. É óbvio que há exceções, mas esses profissionais concentram-se em outros temas por ter mais tempo de "janela", que significa maior experiência profissional, mais tempo no jornalismo.

Uma dificuldade crônica com que praticamente todos os jornalistas se debatem, cotidianamente, é o tempo ou a falta dele. Normalmente, um jornalista recebe a pauta de um chefe de reportagem e mal tem tempo de verificar, no arquivo, o que já existe sobre o assunto. Vai para a entrevista como quem abre as portas para todo um universo novo e tem que voltar com um material suficiente para preencher um espaço no jornal de forma atraente para o público leitor. E tudo isso no período de algumas horas. É preciso pensar e analisar a dificuldade de um jornalista não especializado em compreender, num pequeno espaço de tempo, aspectos relevantes da deficiência e, ainda, descobrir o que há de novo para discutir com o editor o enfoque da matéria.

Se ele não receber informações claras e completas, os erros serão inevitáveis. E a responsabilidade sobre a clareza das informações é do entrevistado tanto quanto a responsabilidade sobre a reprodução correta da entrevista é do jornalista.

É evidente que quanto mais especializado o jornalista, mais rápido e eficiente será ao tratar os problemas e soluções relativos às pessoas com deficiência. Mas os jornalistas especializados são uma raridade, e o mais provável é que os técnicos que atuam na área da deficiência, a família e a própria pessoa com deficiência sejam entrevistados por algum jornalista que não tenha a menor ideia do que seja a deficiência.

Fatos e conceitos que podem parecer óbvios para os que já convivem com a deficiência há anos, ou talvez décadas, são inteiramente novos para o jornalista mais preocupado em sintetizar logo os aspectos que julga fundamentais e voltar para a redação, sempre correndo contra o tempo.

Na editoria geral, a falta de tempo soma-se ainda à eventual inexperiência dos jornalistas e ao fato de eles lidarem com assuntos muito diferentes de um dia para outro, ou até de uma hora para outra. Uma matéria pode tratar, por exemplo, de Síndrome de Down e outra sobre a epidemia da dengue, podendo aparecer, muitas vezes, uma após a outra. Frequentemente, o mesmo repórter que escreve sobre a deficiência escreve também sobre as divergências por mensalidade escolar e reforma agrária. E não é possível entender profundamente tudo isso ao mesmo tempo. Ele precisa da clareza da informação prestada. O sucesso ou insucesso do jornalista na defesa de sua matéria depende primeiramente da consistência da matéria e, por segundo, da concorrência para defender a sua matéria em relação ao espaço que ela vai ocupar na página do jornal.

Um editor geral tem um número definido de páginas para preencher e está sujeito a cortes, caso algum fato político ou econômico relevante precise de mais espaço. A matéria sobre a deficiência está concorrendo por espaço como qualquer outra matéria e depende da habilidade do repórter (convencimento pela clareza e consistência das informações passadas a ele) para sair conforme o planejado, ou próximo disso. Contudo, o jornalista não tem como evitar a perda de espaço para matérias mais urgentes ou de maior ibope (John, 1998).

O centro das discussões sobre a deficiência no jornal define-se pela falta de naturalidade em tratar a questão. E cabe-nos perguntar: será que o jornalista sabe cobrir as questões relativas à deficiência? Não, ele é bem despreparado, precisando realizar cursos, modificar manuais de redação que esclareçam e ampliem a reflexão sobre o tema, e contrate profissionais especializados no assunto.

As ideias ou conceitos das pessoas, muitas vezes, são fundamentados em informações parciais ou pouco realistas. É dirigida ao público leitor uma informação carente de objetividade, em ocasiões guiadas pelo sensacionalismo. É importante assinalar que nem sempre a quantidade de informações é proporcional à qualidade.

Estudos realizados na Espanha, nos Estados Unidos e na França sobre as características das matérias veiculadas em jornais referentes à deficiência evidenciam que as informações não são as mais realistas nem adequadas, constituindo um agente adicional de atitudes negativas, estereótipos e marginalização (Casado, Colete, Gomes e Sanchèz, 1989; Saint-Martin, 1979; Elliot e Byrd, 1982; Aguado e Alcedo, 1990).

Essas ideias equivocadas e preconcebidas sobre as pessoas com deficiência distorcem a situação real. Assim, os conceitos e as terminologias utilizadas necessitam de incluir essas pessoas no contexto de todas as outras. O jornal é uma fonte ampla de referência para quem quer saber o que está acontecendo e, através deste, a sociedade cristaliza e reflete o juízo que tem sobre um grupo e o lugar que tem dentro de uma coletividade.

A imprensa brasileira sempre teve dificuldades em tratar do assunto *deficiência*. Os jornalistas, particularmente, mostram-se desinformados em relação à maneira como funcionam as questões inerentes à deficiência, mesmo que estejam na base das incompreensões que existam hoje em dia, quando se generaliza o comportamento para o conjunto das pessoas com deficiência. Na maioria das vezes, porém, podemos perceber que são pessoas competentes, com as melhores das intenções, e que se submetem nos últimos anos a uma enorme luta e renovação dos seus ideais.

Por sua vez, há pessoas com deficiência que ocupam, muitas vezes, uma posição aventureira, utilizando-se da deficiência que apresentam, colocando-se como um coitadinho, como dignos de piedade para tirarem proveitos dessa situação. Entretanto, há aqueles que de maneira idealista tentam corajosamente lutar pelos seus direitos, buscando o respeito e a confiança da mídia e da comunidade em geral. E isso tem que ser levado em consideração. As pessoas não podem ser generalizadas, é necessário e fundamental observar a diferença peculiar que cada pessoa apresenta.

Uma consideração a respeito dos tempos diferentes que envolvem a deficiência e a mídia. Em relação à deficiência, a superação de estigmas e preconceitos depende de avanços do conhecimento no campo da genética, da educação, da psicologia, da reabilitação, da fonoaudiologia, da tecnologia, entre outros. Tudo isso requer um tempo, que é lento, caracterizado pela lentidão normal em abrir espaços nos diversos segmentos sociais, dificultados pela desinformação de toda uma sociedade.

Já o tempo do jornalista é curto, breve, rápido. Em uma hora ou meia, faz a notícia e a publica. Jornalistas correm contra o tempo. O jornal de hoje forra amanhã o chão do pintor de paredes. Esses dois tempos distintos acabam fazendo uma grande diferença, determinando mais uma incompreensão. O jornalista está sempre em busca de matérias mais em evidência na sociedade e há muitas coisas a serem esclarecidas nesses dois tempos. Assim, o jornalista tem que fazer uma reflexão sobre o seu papel na sociedade moderna, em que jornais e jornalistas cumpram as suas responsabilidades, pois quanto mais questões sobre a deficiência forem levantadas melhor para a imprensa e muito mais para as pessoas com deficiência.

Para informar a mídia será preciso lhe dar a consciência de que necessita para uma abordagem mais técnica. Elogiá-la, quando acerta. Criticá-la, apontando falhas. E não tem sido assim. Quem milita na área da deficiência, no máximo desabafa a sua raiva contra a mídia sempre entre os mesmos militantes do grupo, e daí não passa.

Desabafo é paixão; consciência é argumento. Como os editores dos jornais vão saber quanto estão errando ou acertando? E vão embora sempre correndo contra o tempo. A pessoa com deficiência tem que assumir a luta em busca de sua inclusão social e ser notícia, fruto de uma visão crítica jornalística, que muda, que é "transformadora".

Se a imprensa reflete a sociedade, deve observá-la em todos os seus desdobramentos. A imprensa cobre os fatos, mas ela não fica só nisso. O modo como essa cobertura é feita induz a atitudes, a comportamentos e transmite valores que influenciam diretamente no público leitor. Isso quer dizer que o jornalismo não é uma atividade isolada, que se concentra apenas no círculo restrito dos profissionais; o jornalista tem um papel fundamental em relação aos problemas e às soluções relativas às pessoas com deficiência.

Os jornalistas não estão na retaguarda, mas na própria trincheira por duas únicas razões: a deficiência, aparentemente, está distante de quem não tem deficiência, no entanto pode acontecer com qualquer pessoa, até pela alta incidência de violência urbana em que vivemos; a outra razão se faz numa relação dialética; se a sociedade muda, a imprensa muda já que esta reflete a sociedade.

A partir dessas considerações, podemos perceber que a comunicação midiática, "jornal", é detentora de um poder e, como tal, interfere diretamente na conduta dos indivíduos, conforme a dinâmica das interações sociais realizadas e articuladas no campo comunicacional.

Dessa forma, nossas reflexões são de que a seleção da notícia depende da linha editorial, que é uma política predeterminada pela direção do veículo de comunicação. Sobre isso, Pena (2005) coloca que a lógica pela qual a empresa jornalística enxerga o mundo; indica seus valores, aponta seus paradigmas e influencia decisivamente na construção de sua mensagem.

Dessa maneira, estabelece uma comunicação dirigida a um público particular, numa relação dialética, que propaga e reflete uma visão de interesse e de referência conhecida e aceita pelo grupo. Assim, é interesse desta pesquisa conhecer o que é e como funciona o local onde se produzem as notícias: *a redação jornalística.*

É nesse local, onde são produzidas as notícias, que é preciso ressaltar alguns pontos importantes da própria notícia que podem estar silenciados. No caminho, ela percorre desde o momento em que acontece até o momento em que aparece nos jornais. Há, portanto, que estar atento a tudo. Inúmeros canais diretos e interesses externos influenciam a decisão final em seu processo de produção.

Toda notícia também é um produto e tem características e elementos comerciais. O jornal, acima de tudo, é uma empresa que precisa vender o seu produto. Antes que isso aconteça, as notícias recebem, na redação, um tratamento especial, até serem oferecidas ao leitor. Além de se preocupar com os interesses da empresa, o jornalista também precisa considerar o que é pertinente noticiar para o público do veículo no qual trabalha. Ele precisa seguir a linha editorial da redação, o que comprova que o jornalista trabalha com produtos instáveis. Nesse sentido, o pensamento de Bial (1996, p. 131) dá uma pista: [...] *em vez de plantar regras sobre ética e moral, basta aos jornalistas um compromisso com a honestidade* [...] *a coragem de botar a mão nas coisas e lidar com o mundo real* [...].

Na prática, portanto, todo percurso de produção da notícia cria, através de filtros, um distanciamento entre a realidade e o noticiário. Esses filtros dos acontecimentos selecionam e interpretam as notícias.

A batalha ideológica, como aborda Moscovici (2003), consiste quando um novo olhar penetra na esfera pública, surgindo, desse modo, lutas históricas, culturais e intelectuais e que se posicionam em diferentes modos de pensar. E nascem a partir dos discursos produzidos pela mídia, que oferece uma visão de mundo, que alimenta e enaltece as relações sociais de conflito e que possibilita condições de influenciar atitudes através de ações contínuas.

A razão definitiva pela qual o público prefere comprar este ou aquele jornal é a suposição de que devem dar atenção aos assuntos públicos. Daí a afirmação:

> Se um povo achasse não haver mais sentido nem mesmo em se informar sobre a vida pública — porque os políticos são todos ladrões, porque o resultado é sempre farsa, porque as pessoas comuns nunca têm uma chance, porque todos que estão no poder só tratam da própria vida — então os jornais poderiam cerrar suas portas, pois não haverá mercado para o que vendem. Se o povo não tiver interesse em política e na vida pública, também não terá razões para ler jornais [...] (Fallows, 1997, p. 295).

As representações sociais devem, desse modo, ser compreendidas como um processo cognitivo que implica imagens (reflexos) dos significantes sociais com seus conteúdos ideológicos e as experiências vividas e possuam um papel de direção para as atitudes dos indivíduos. Aspecto que confere uma importância à dimensão da atitude na formação das representações como advoga Moscovici:

> [...] a atitude é a mais frequente das três dimensões e, talvez, genericamente a primeira. Por conseguinte, é razoável concluir que as pessoas se informam e representam alguma coisa somente depois de terem tomado uma posição e em função da posição tomada (Moscovici, 1976, p. 72).

De acordo com Orlandi (1993), todo discurso é formulado a partir do sujeito que fala e da interação com o sujeito que recebe. No discurso midiático não é diferente, produz-se nessa interação entre o emissor e o receptor. A representação social caracteriza-se, segundo Jodelet (2001, p. 22), como uma forma de conhecimento, socialmente elaborada e partilhada, com um objetivo prático, e que contribui para a construção de uma realidade comum a um conjunto social.

Portanto, a mídia, no seu sentido amplo, intervém no tecido social, tanto como instrumento de representações sociais como espaço construtivo de saberes, de marcos de referência simbólica na medida em que trabalha a construção de sentidos, significados e imagens.

Nessa dimensão, a mídia aproxima-se também de um espaço de poder, no sentido foucaultiano, onde o saber e a verdade se fundem como uma realidade autônoma, universalizando conhecimentos que, muitas vezes, não constituem e nem contemplam as diferentes realidades e diversidades existentes na sociedade. A essa afirmação corresponde:

> No mundo velocíssimo de hoje, onde as distâncias se tornam cada vez menores, devido à agilidade dos meios de comunicação, o volume de informação que recebemos é enorme. Nem sempre a quantidade corresponde à qualidade. Todos nós permanentemente formamos ideias sobre pessoas e situações, baseados em informações parciais recebidas de diferentes fontes. Muitas vezes, não percebemos o quanto julgamos e decidimos sobre como as pessoas são ou deixam de ser (Corde, 1996, p. 7).

Nesse sentido, surgem algumas indagações importantes: Quem seleciona os temas que serão agendados pelo público? Se a mídia impressa agenda o público, quem agenda a mídia impressa? Nesse sentido, DeGeorge (1981) destaca a importância que têm todos os processos que colaboram na condução das decisões para selecionar uma temática:

> A habilidade que têm os meios de comunicação para produzir alterações graças aos efeitos cognitivos pode ser atribuída ao constante processo de seleção realizado pelo *gatekeepers* nos meios de comunicação, que, em primeiro lugar, determinam que acontecimentos são, jornalisticamente, interessantes e quais não, atribuindo distintas relevâncias em variáveis como extensão (de tempo e espaço), a importância (tamanho da manchete, localização no jornal, frequência de aparição, posição no conjunto de notícias) [...] Algumas notícias são tratadas detalhadamente, outras merecem uma supérflua atenção e outras ignoradas (DeGeorge, 1981, p. 219-220).

Portanto, o discurso jornalístico informa a sociedade. Contudo, essa informação já vem moldada e formatada de tal maneira a se adequar e fazer juízo no amplo jogo das significações e dos sentidos que dão direção às relações do poder.

Moscovici (1978) argumenta que o propósito de todas as representações sociais é tornar algo não familiar, ou a própria não familiaridade, íntima. Tal propósito apoia-se em dois processos distintos: ancoragem e objetivação. O processo de ancoragem, que se identifica com as características do universo consensual, indica a intervenção dos determinismos sociais e psicológicos nas suas criações e transformações, como um processo de interpretar, classificar e nomear comportamentos de acordo com as escalas de valores socialmente aceitas.

Nesse sentido, percebemos, à luz do pensamento dos estudos, apreendidos através de Moscovici, no que diz respeito à comunicação, espaço privilegiado para gerar representações, que caberia à sociedade alertar/pautar a mídia em relação à questão da inclusão social das pessoas com deficiência, uma vez que os meios de comunicação são atores poderosos no construto desse processo social. Portanto, se há omissão por parte da sociedade há, consequentemente, por parte da mídia, que, sem ser acionada com suportes concretos e cotidianos, termina refletindo que os traços do passado ainda estão presentes.

Dessa maneira, consideramos que as representações sociais são sempre complexas e inseridas dentro de um referencial de um pensamento preexistente; sempre dependentes de crenças ancoradas em valores históricos que permeiam toda uma sociedade. A comunicação social, sob seus aspectos interindividuais, institucionais e midiáticos, aparece como condição de possibilidade e de determinação das representações e do pensamento social.

Capítulo IV

Neste capítulo, buscamos apresentar a pesquisa de campo e empreendemos um diálogo com os referenciais teóricos e metodológicos que subsidiaram este estudo. Nesse sentido, apresentamos uma análise quantitativa do processo de difusão da notícia no período estudado. Notoriamente, nesse período, os dados evidenciam uma quebra de rotina — 1996 e 1997 —, apontando para a fragmentação do discurso da mídia impressa em relação a essa temporalidade histórica. Analisamos, ainda, as falas dos jornalistas e percebemos que os sentidos atribuídos à inclusão e à deficiência aproximam-se de uma consciência crítica que é silenciada pelo "poder" exercido pelo jornal como instituição social, que não reflete a subjetividade dos jornalistas. O poder simbólico está na instituição, que se pauta naquilo que "ela" delimita, a partir dos seus interesses. De acordo com Durkheim (1970), *a instituição se constitui como poder autônomo*, ou seja, ela esquadrinha o que deve e o que não deve ser dito.

4. DISCUSSÃO DOS RESULTADOS: a cidadania revelada

> Apreender os fatos e relatá-los através dos veículos de difusão coletiva significa, nada mais nada menos, que projetar visões de mundo. (*José Marques de Melo*)

Este estudo situa-se no período de 1992 a 2002, tendo como ponto de partida a promulgação da Lei n. 4.090/92, que dispõe sobre a eliminação de barreiras arquitetônicas, principalmente em função do impacto que causou à sociedade natalense na época e, também, pela valorização da sua funcionalidade para a inclusão social das pessoas com deficiência.

IMAGEM 6 — Natal, primeira cidade brasileira a ter uma legislação específica na eliminação de barreiras arquitetônicas — assinatura da Lei Municipal n. 4.090/junho de 1992.
Fonte: Assessoria de comunicação da Prefeitura Municipal de Natal.

É inconteste que a mídia impressa tem-se constituído num importante campo de circulação de informações, ou seja, é no discurso jornalístico que encontramos uma vasta fonte de informação que espelha parte dos conflitos da sociedade. Moscovici (1978), ao explicar a formação das representações sociais, comenta sobre esses conflitos vivenciados pelo homem na afluência das informações circulantes, e as implicações disso em suas vidas. Diante desse contexto, segundo o pensamento de Bourdieu (1989), essas informações já vêm moldadas e formatadas de tal maneira a se adequar e fazer sentido no amplo jogo das significações, do bom-senso que dá direção às relações do poder:

> Enquanto instrumentos estruturados e estruturantes de comunicação e de conhecimento "os sistemas simbólicos" cumprem a sua função política de instrumentos de imposição ou legitimação da dominação, e que contribuem para assegurar a dominação de uma classe sobre a outra violência simbólica (Bourdieu, 1989, p. 11).

A relevância social da pesquisa, "Inclusão e deficiência: em busca de representações sociais na mídia impressa de Natal/RN" levou-nos a escolher os jornais Diário de Natal/O Poti e Tribuna do Norte, por terem esses jornais um elevado número de leitores em Natal, com abrangência em todo o Estado do Rio Grande do Norte, e por serem considerados importantes do ponto de vista político e social.

Então esses jornais constituíram-se no campo propício para que observássemos se, nesses dez anos — 1992-2002 — a mídia favoreceu a inclusão social das pessoas com deficiência, pois o papel que a mídia exerce é fundamental na veiculação do discurso circulante.

A partir dessa observação, verificamos que as significações apresentadas pelos dois jornais aproximam-se muito e é nítida a similaridade desses sentidos em todo o percurso e só divergem na quantidade de matérias veiculadas.

Os significados apresentados pela "Tribuna do Norte" e pelo "Diário de Natal"/"O Poti" e difundidos para a sociedade tornam-nos mediadores do pensamento social circulante, advindos dos acontecimentos e dos fatos dos mais diversos segmentos sociais.

	Ano / Tema	1992	1993	1994	1995	1996	1997	1998	1999	2000	2001	2002
Diário de Natal	Educação	3				**35**	**15**	6		1		6
	Saúde	1	1			**27**	**3**	1				
	Barreiras Arquitetônicas	1				**15**	**33**	2				5
	Esporte/Lazer			1		2	**41**	**19**	1		1	1
	Conscientização	6	1		4	**49**	**51**	5		3	2	7
	Mercado de Trabalho	1			3	**1**	**2**				2	3
	Artes			3		**10**	**18**	1				
	Total de abordagem por ano	12	6	0	9	**178**	**141**	16	0	5	4	22
Tribuna do Norte	Educação				1	**7**	**9**				1	3
	Saúde					**2**	**2**					
	Barreiras Arquitetônicas				3	**8**	**13**	3	1		3	2
	Esporte/Lazer			2		**25**	**3**					2
	Conscientização	5	2	6		**32**	**44**	5	1	1	8	4
	Mercado de Trabalho	1		1		**7**	**2**				2	
	Artes				1	**9**	**3**					
	Total de abordagem por ano	7	2	8	5	**90**	**76**	8	2	1	14	11

QUADRO 1 Matérias veiculadas no *Diário de Natal* e *Tribuna do Norte* — Anos: 1992 a 2002

Observando esse quadro, constatamos o "pico" de abordagem sobre a temática nos anos de 1996 e 1997 em relação aos outros anos. Dessa observação, surge o Gráfico 1.

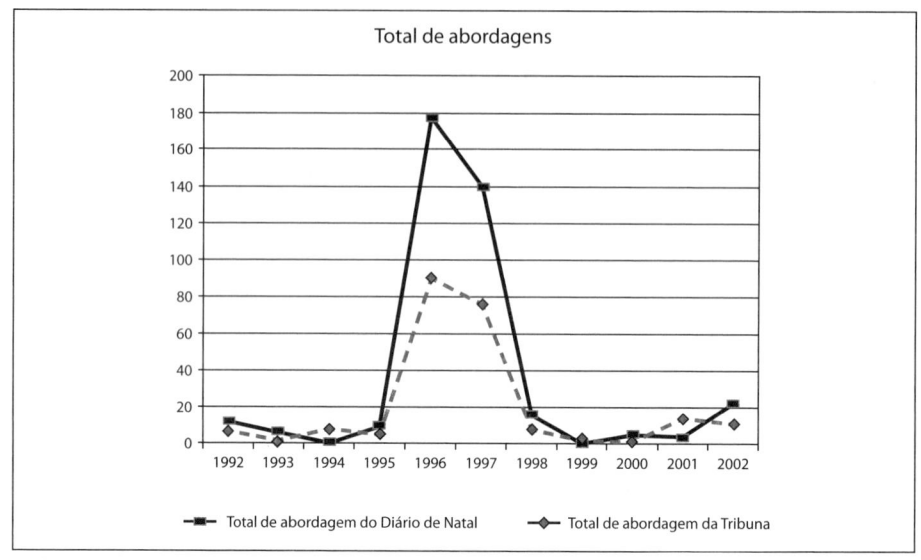

GRÁFICO 1 — Anos de pico: 1996 e 1997

Nesse gráfico, constatamos, pelo pico evidenciado, que o jornal "Diário de Natal"/"O Poti" deu mais espaço para a temática do que o jornal "Tribuna do Norte".

Quando fazemos a comparação da quantidade dos temas abordados pelos dois jornais em relação ao período determinado, verificamos que os anos de 1996 e 1997 aparecem como um campo de doutrinação, cheio de sentidos e significados.

Nesse aspecto, a questão da inclusão social das pessoas com deficiência aparece representada, numa proporção mais ampla, como algo **naturalizado** pela sociedade. Por outro lado, numa dimensão mais modesta, está a **luta** constante em relação à conquista dos seus direitos por uma cidadania verdadeiramente reconhecida.

O jornalismo, enquanto instrumento de informação, passa pela vivência de **informar** e seu papel deve ser postulado na prática de uma mudança para um novo olhar.

Segundo Wagner (1998), *as representações sociais são co-construídas em práticas cotidianas*. Na nossa pesquisa, tentamos ressaltar a interdependência entre representações sociais e o discurso midiático, observando o aspecto dinâmico e movente que há na construção social.

Por um lado, como afirma Moscovici (1978, p. 50):

> As representações sociais são conjuntos dinâmicos de forma de apreensão e expressão do cotidiano vivenciado pelo homem e seu *status* é o de produção de comportamentos e de relações com o meio ambiente.

As representações sociais, de acordo com o autor, formam-se da apropriação dos conhecimentos que são produzidos e organizados no espaço do universo reificado e levados para as conversações do universo consensual dos acontecimentos cotidianos.

Essa apropriação do conhecimento e da informação orientará as condutas e a comunicação das pessoas.

Por outro, segundo Wolton (2004, p. 502):

> Se a informação tem como objetivo dar a forma ao mundo, dar conta dos acontecimentos, dos fatos e contribuir diretamente para o funcionamento de sociedades complexas, é inseparável da comunicação que além do ideal normativo de trocas e interações, constitui o meio de difundir essas informações e de construir as representações.

A partir dessas considerações, passamos a apresentar os resultados do nosso estudo em três partes:

Na primeira, observamos, na linguagem gráfica, a falta da regularidade na visibilidade alusiva à questão da deficiência e inclusão. Isso comprova que a quebra de rotina esteve presente nos eventos específicos que permearam a história dessa década no que se refere aos anos de 1996 e 1997, fato que trouxe a atenção da mídia devido a fatores preponderantes como: a) a paraolimpíada; b) a implantação das urnas eletrônicas no país, numa perspectiva de igualdade de valores ao exercício da cidadania, através da efetivação do voto necessário e decisivo para a eleição partidária, exercido por uma pessoa com deficiência visual e uma pessoa sem deficiência visual; c) grandes eventos sobre "Mídia e Deficiência", quando se reuniram renomados nomes da mídia nacional num olhar da mídia para a própria mídia; d) a Resolução n. 001/96 do Conselho Estadual de Educação (CEE) que propugna que as pessoas com deficiência devem, preferencialmente, estar inseridas no ensino regular, o que causou grandes discussões por não ser concebida a "mistura" de alunos com deficiência com alunos sem deficiência. A exemplo disso, registramos o lamentável fato de que um aluno com deficiência auditiva foi escolhido para ser o paraninfo da turma e a direção da escola rejeitou seu nome pela deficiência que apresentava, conforme atesta o recorte discursivo — "Tribuna do Norte"/1997:

> Garoto é discriminado na escola onde estuda [...] Dyego foi a mais um ensaio das festividades de colação de grau da pré-escola, onde seria o paraninfo de sua turma. Voltou triste e contou aos pais o que havia se passado. O diretor não quis mais que ele participasse como paraninfo por considerá-lo anormal, devido ao problema auditivo [...]

Na **segunda** parte, a aplicação do método da associação livre de palavras com os jornalistas do "Diário de Natal"/"O Poti" e da "Tribuna do Norte", feita pela análise de conteúdo de Bardin (2004), comprova que a subjetividade dos jornalistas não condiz com a falta de regularidade das matérias veiculadas ao longo da década que só apontou para os anos de pico, "anos de consagração" 1996, 1997.

Compreendemos que, apesar da consciência crítica que há sobre a temática, a relação estabelecida entre a mídia e a deficiência ainda não aflorou como interesse da sociedade. Ou seja, as matérias apresentadas na mídia impressa são esforços isolados de pessoas e/ou instituições que atuam na área.

Na **terceira** parte, analisamos os textos dos anos de pico 1996 e 1997, anos de consagração da temática, através do programa ALCESTE, o que nos levou a perceber que tal conteúdo apontava para a luta das pessoas com deficiência pela conquista de sua cidadania. A paraolimpíada de Atlanta/USA de

1996 foi foco de grande visibilidade pela mídia, com certeza pelo número de medalhas conquistadas pelos norte-rio-grandenses.

Dessa forma, não nos é difícil compreender que as informações que circulam nos espaços sociais possibilitam conhecer as representações de mundo, ou seja, seus valores e interesses por determinado assunto, no qual as pessoas estão inseridas.

Entretanto, por mais evidente que a mídia se paute nos acontecimentos sociais, é seu dever chamar atenção para as questões sociais, que segregam e discriminam pessoas, promovendo debates de responsabilidade social, ressignificando conceitos e apresentando uma nova postura de conviver com a diversidade humana. Entretanto, como observou o jornalista Alberto Dines, no programa que dirigi "Observatório da Notícia" na TV Cultura, veiculado no dia 27 de março de 2007, *a mídia detesta discutir a própria mídia*, ou seja, a mídia não gosta de falar de si mesma e a própria figura do *ombudsman*, espécie de ouvidor da sociedade, representante do cidadão, só existe em pouquíssimos jornais.

No Brasil, teve início na "Folha de S.Paulo" em 1989, sendo o primeiro jornal a ter um jornalista nessa função, na ocasião Caio Túlio Costa.[1] Cinco anos depois, o jornal cearense "O Povo" aderiu a esse modelo e passou a utilizar um *ombudsman* para receber as críticas, sugestões e reclamações do leitor. A transparência do papel que a mídia exerce é fundamental para inclusão das pessoas com deficiência e deve ser cobrada da mesma forma como se cobra de outros setores da sociedade.

É interessante observar o que diz Nilda Teves (1992, p. 9) citando Karl Max:

> [...] a mais bela melodia, para um ouvido não musical, não tem nenhum sentido. Ou seja, da mesma forma que ouvir é o olhar. Não o olho biológico que registra a existência das coisas naturalmente, mas o olhar social que deve ser desenvolvido.

---

1. Participou como palestrante sobre o papel do *ombudsman* em Natal/1992 no Seminário Comunicação sem Barreiras.

É o olhar que faz aparecer o objeto; mais que isso: a experiência perceptiva é a que nos dá o visível e o invisível. Como diz o filósofo Merleau-Ponty (1964, p. 14):

> Não convém perguntar se percebemos verdadeiramente o mundo, convém dizer, pelo contrário, o mundo é aquilo que percebemos. O mundo não é o que penso, mas o que vivo.

Assim, a informação é dirigida a um público diversificado e amplo, de pertença social diferente e, consequentemente, de visão de mundo diferente, registrando as informações de acordo com a sua sócio gênese.

Nesse diálogo entre a comunicação social e a representação social, é pertinente posicionar as ideias de Moscovici (1976) em relação à **difusão** e à **propagação** como modalidades de informação, relevantes para este estudo. A difusão, segundo o autor, apresenta uma estrutura descontínua, não ordenada e não visa incitar diretamente a determinadas condutas. Enquanto a propagação visa gerar atitudes comuns a seus membros, no sentido de propagar valores e estabelecer um novo olhar, ou seja, dar a essa atitude uma significação nova. Seu objetivo é tornar possível uma adequação dos comportamentos e normas, às quais os indivíduos aderem.

Como vemos, a propagação implica mudanças que permitem/possibilitam incluir a pessoa com deficiência dentro do contexto de referência estabelecido para todos.

Entretanto, a relação que se evidencia, pelo caminho metodológico utilizado, inicialmente, através da linguagem gráfica, seguida da técnica de associação livre de palavras, aplicada aos jornalistas dos dois jornais e, por fim, na aplicação do programa ALCESTE, nos textos dos anos de pico: 1996 e 1997, pode ser resumida na frase da música de Milton Nascimento [...] *Vou descobrir o que me faz sentir eu caçador de mim* [...], **caçador de cidadania**.

Não é necessário muito esforço para vislumbrar tal constatação. Além dos resultados clarearem essa realidade, ela ronda o nosso cotidiano, em cada lugar, em cada esquina. Como sublinha o teórico da arte Ernst Gombrich, citado por Joly (2003, p. 60), *a imagem pode ser um instrumento de conhecimento, porque serve para ver o próprio mundo e interpretá-lo.*

IMAGEM 7 Fotografada pela autora. Nov./2006

IMAGEM 8 Fotografada pela autora. Nov./2006

Todos os significados estão lá e cada um deles acerta no alvo. As imagens que revelam a cidade como um espaço social e parecem dizer-lhes: **não reconhecemos vocês**.

Cabe-nos recorrer ao filósofo Pierre Lévy (2000), que chama a atenção do modo como interpretamos o mundo, reconhecendo que nós somos o texto:

> [...] não é mais o sentido do texto que nos ocupa, mas a direção e a elaboração de nosso pensamento, a precisão de nossa imagem de mundo, o resultado de nossos projetos, o despertar dos nossos prazeres, o fio de nossos sonhos [...]

Ou seja, falta à sociedade a consciência de que não vivemos isolados e perceber que é necessário olhar o mundo à nossa volta e estabelecer um pacto de convivência com todas as pessoas, independente de suas diferenças. Este deveria ser o resultado do nosso projeto de vida.

Nesse aspecto, a mídia impressa que analisamos leva-nos a aferir que a prática discursiva assenta-se no capitalismo contemporâneo, nas leis do mercado, deixando de exercer seu papel social, responsável pela formação das representações sociais e pela repercussão dessas representações nas trocas e interações das práticas sociais, em relação à conduta humana. O preconceito ganha visibilidade e assim colabora de forma clara para aflorar cada vez mais a discriminação, como atesta a matéria abaixo:

Texto 03 — DN/96

> Picardia. Ao assistir ao jornalista Rosemilton Silva comentar, na TV Potengi, que a maior surpresa na disputa por uma vaga na Câmara Municipal foi a eleição de um camelô, um coleguinha ligou para a emissora e soltou: a maior surpresa foi a eleição de um deficiente mental. Quem, cara pálida?

Como diz Guareschi (2005, p. 41):

> A comunicação hoje constrói a realidade. É difícil definir o que seja realidade. Não vamos entrar em questões metafísicas ou ontológicas. Queremos apenas

dizer que a realidade, aqui, significa o que existe, o que tem valor, aquilo que nos propicia as respostas, o que legitima e dá densidade significativa ao nosso cotidiano.

De acordo com o pensamento do autor, compreendemos que a comunicação leva à produção de representação social de acordo com as interações vivenciadas entre o sujeito e o objeto, articulada no âmbito do pensamento social.

A mídia impressa é dirigida a um público amplo e heterogêneo, formado por grupos diversificados, que registram, através das relações sociais com que interagem, uma tomada de posição que gera opiniões diversas. Assim, a veiculação de uma matéria desse tipo tem uma influência sobre a conduta e as opiniões em relação às pessoas com deficiência. Poderíamos dizer que "ela" produz efeitos e interfere na visão de inclusão social, uma vez que apresenta claramente um sentido de menos apreço.

Através do caminho metodológico por nós seguido, constatamos que a mídia só é sensibilizada por eventos específicos relacionados às representações de cunho polêmico, oriundos de situações de conflitos que mudam a rotina estabelecida e que pode ser identificada no interior dos grupos aos quais pertencem, por exemplo, as pessoas com deficiência — excluídas socialmente.

A mídia impressa tem o poder de construir, através dos seus textos, conceitos e referências que podem interferir na criação de novas formas de ação e interação no mundo social e influenciar novas condutas em relação às pessoas com deficiência.

A exemplo do que diz a letra da canção do compositor e cantor Gonzaguinha: [...] *a gente quer viver pleno direito, a gente quer viver uma nação, a gente quer ser um **cidadão** [...]*, a mídia, com o poder que tem, poderia refletir o que está claramente evidenciado nos sentidos dos textos analisados e que ronda a luta na vida das pessoas excluídas socialmente.

Levando em consideração esse poder que a mídia exerce, podemos observar que os textos veiculados na mídia impressa, analisados nesta pesquisa, não aparecem construindo sentidos e significados comprovados pela falta de regularidade de veiculação de matérias inerentes à questão, o que demonstra que a mídia não está exercendo o papel social de humanização da sociedade.

Ela poderia ser um forte aliado no sentido de ajudar a sociedade a refletir, criando uma relação dialética — **sociedade e mídia** — que proporcionasse o crescimento de uma consciência verdadeiramente engajada nas lutas sociais, reconhecendo a autêntica responsabilidade que têm: informação (mídia) e consciência (sociedade), ou seja, um intercâmbio de consciência crítica das questões sociais.

Os textos veiculados na mídia impressa, analisados por esta pesquisa, aparecem construídos de sentidos e significados conotados de apelos por direitos e justiça social.

Entretanto, os resultados apontam para a falta de regularidade na veiculação de matérias inerentes à questão ao longo do período pesquisado, o que demonstra que nem a mídia está exercendo o papel social e nem a sociedade que silencia.

A propagação da temática que tem a finalidade, segundo Vala e Ordaz (1998, p. 89), *de se dirigir a um público particular, e de refletir uma visão bem organizada do mundo*, não ocorreu, como foi elucidado ao longo de todo este estudo, pelo fato de ser esporádica.

Essa luta, simplesmente, é de poucos, não permaneceu de forma regular como uma referência imprescindível para a inclusão social das pessoas com deficiência, reconhecida pela mídia e aceita pela sociedade.

Como diz Melo (1986), se a comunicação é um processo de representação simbólica, evidentemente, a arbitração dos símbolos que representam a realidade é que dão sentido à interação humana. Apreender os fatos e relatá-los através de veículos de difusão coletiva significa, nada mais, nada menos, que projetar visões de mundo.

E é exatamente isso que os jornalistas fazem cotidianamente. Atuam como mediadores entre os acontecimentos, seus protagonistas e os indivíduos que compõem um universo sociocultural. Esse campo comunicacional onde são adotados atributos e valores passa a ser parte do mundo, com uma significação positiva ou negativa.

É por isso que consideramos que a representação ganha sentido quando transforma em grau significativo a inclusão das pessoas com deficiência na dinâmica social, por lhes oportunizar objetivar seu discurso que, certamente, traz como resultado a visibilidade de suas potencialidades, peculiares, próprias, como são as de qualquer cidadão. Como afirma Goffman (1988): *De perto ninguém é normal.*

Nesse aspecto, o jornalismo configura-se como uma atividade política, espaço privilegiado para atuação pública, ou seja, como instrumento de participação social — **como tribuna de cidadania**. Entretanto, como na sociedade capitalista a burguesia detém o monopólio do capital, indiretamente ela detém também o monopólio dos meios de comunicação.

Enquanto a imprensa burguesa está solidamente implantada, tem tradição, permanência, continuidade, a imprensa das classes excluídas/subalternas mostra-se frágil, **episódica** e **descontínua**. Tais aspectos ainda cerceiam o acesso à cidadania, impondo condição desigual, excludente e restritiva. Ainda segundo Melo (1986), *Cada jornal é uma mercadoria.*

Assim sendo, a população excluída socialmente — pessoas com deficiência — ainda atravessam momentos de despertar para a luta dos seus direitos, apesar de constituírem uma parcela significativa da população brasileira, cerca de 25 milhões de pessoas com deficiência, o que corresponde a 14,5% da população, conforme censo 2000 do Instituto Brasileiro de Geografia e Estatística-IBGE.

Diante do contexto, percebemos que há certa regularidade de sentidos entre os dois jornais. Do ponto de vista dos enfoques, a mudança não é relevante, o sentido leva para a mesma representação.

De acordo com Orlandi (1993, 1996), o modo como o discurso produz sentido, ou seja, considerar o funcionamento do discurso na produção de sentidos, explicitando o mecanismo ideológico que o sustenta, é o caminho para a compreensão do texto, relacionando-o com os diferentes processos de significação que nele ocorrem, sendo esses processos em função da historicidade, ou seja, história do sujeito e do sentido.

Dessa maneira, a sociedade e a mídia estabelecem uma relação dialética de **vazio** e de **silenciamento**, o que significa preconceito e falta de consciência.

Historicamente, as pessoas com deficiência eram marginalizadas da sociedade e as políticas públicas eram voltadas para a segregação institucional dessas pessoas, que eram mandadas para asilos ou outros lugares de reclusão.

Depois veio o modelo de integração, que procurava criar estímulos pedagógicos para adaptá-las à sociedade. Esse modelo é adotado até hoje por diversas instituições. O conceito de inclusão é o mais recente e representa uma tentativa de avanço quanto à questão. De acordo com esse novo conceito, é a sociedade que tem que se adaptar para receber todas as pessoas.

Em outras palavras, a sociedade deve ser inclusiva, comportando toda a diversidade dos seres humanos sem que, para isso, precise haver qualquer tipo de diferenciação no modo como os indivíduos são tratados ou nas oportunidades que lhes são oferecidas.

Mesmo que a mídia quisesse realizar uma boa cobertura, não poderia, pois está desatualizada em relação a essa nova visão. Esse desconhecimento é compreensível, pois ainda é restrito a um pequeno universo de especialistas. Daí a importância desses conceitos serem difundidos.

Entre as várias recomendações que já existem, os jornalistas poderiam procurar não subestimar as pessoas com deficiência, tampouco tratá-las como heróis, e ter o mesmo rigor utilizado em outros tipos de matérias. A linguagem, por exemplo, que usa o termo "deficiente" para designar as pessoas que têm uma deficiência não é adequada, pois reduz a pessoa a apenas uma característica. O ideal seria empregar a expressão "pessoa com deficiência".

É importante destacar que no Brasil a discussão sobre o Estatuto da Pessoa com Deficiência acarretou opiniões divergentes. E a pergunta que se faz é: precisamos de um estatuto que concentre todas as leis do país para pessoas com deficiência? Leis que já estão em vigor, regulamentadas, que precisam, na verdade, ser colocadas em prática, isto é, distribuir a questão da deficiência em tudo que diz respeito à sociedade.

Nas discussões da Constituinte, a preocupação não foi criar uma seção específica para as pessoas com deficiência, e sim espalhar a questão em todo o conjunto da Constituição. E nesse aspecto, a nossa Constituição foi avançada e bem sucedida. As leis existem e precisam ser olhadas, observadas se estão sendo cumpridas.

Em síntese, é um retrocesso criar-se um estatuto específico, o que seria concentrar a questão num documento: **é a exclusão dentro da própria inclusão**, uma vez que a Constituição Brasileira já o contempla. Essa situação esconde inteiramente a relação de **cidadania** indivíduo/sociedade e, também, o próprio ser humano.

A Constituição assegura, no seu Art. V: *Todos são iguais perante a lei. Equiparar as oportunidades para todos é o melhor caminho e não especificar em documentos.* Imaginemos se todas as pessoas excluídas socialmente fossem objeto de documento para que se cumpram os seus direitos.

Na verdade, caberia à sociedade alertar a mídia para essa questão. Entretanto, a mídia reflete o que a sociedade é e, assim, como a sociedade não se manifesta, a questão não ganha visibilidade e a temática não avança. Quando a mídia publica uma matéria ela pode formar opiniões favoráveis e desfavoráveis, dependendo do enfoque que é dado. Ou seja, a apuração dos fatos, das fontes e a pesquisa constituem um jornalismo de excelência. Quando há essas omissões por parte da sociedade e, consequentemente, da mídia, isso termina atingindo muitas pessoas e pode se tornar um prejuízo para as conquistas do grupo.

É como a relação da perspectiva da educação inclusiva e da acessibilidade que vai além da deficiência. Nesse aspecto, poderíamos apresentar vários exemplos, entretanto sublinhamos os dois: Educação inclusiva e Acessibilidade.

No âmbito da **Educação**. Para muitos a perspectiva da educação inclusiva está destinada somente para as pessoas com deficiência e é exatamente o contrário: vai além da deficiência. Esta é apenas uma das áreas que seriam beneficiadas com ela. A qualidade da educação é que está em debate porque hoje não se considera a diversidade dos alunos, os níveis de necessidades e as características individuais. A proposta da educação inclusiva é para melhoria da qualidade de ensino para todos e não só para incluir pessoas com deficiência na sala de aula. Segundo Mantoan (1997, p. 7):

> Acreditamos que o aprimoramento da qualidade do ensino regular e a adição de princípios educacionais válidos para todos os alunos, resultarão naturalmente na inclusão escolar das pessoas com deficiência. Em consequência, a educação especial adquirirá uma nova significação, designando uma modalidade de ensino não apenas a um grupo exclusivo de alunos, o das pessoas com deficiência, mas uma educação especializada no aluno e dedicada à pesquisa e ao desenvolvimento de novas maneiras de se ensinar, adequadas à heterogeneidade dos aprendizes e compatível com os ideais democráticos de uma educação para todos.

No contexto da **Acessibilidade**. Para muitos há um reconhecimento de que os acessos adaptados são exclusivos para as pessoas com deficiência. Entretanto, a acessibilidade representa o respeito e a valorização da diversidade humana, como instrumento de um desenvolvimento inclusivo para todos, o que significa dizer acesso para TODOS. Mas, ao contrário, há crenças produzidas no imaginário social que esse acesso é somente para as pessoas com deficiência.

O passeio público, por exemplo, hoje, torna-se o maior desafio para o ir e vir das pessoas com deficiência física, com mobilidade reduzida, que incluem gestantes, obesos, pessoas com criança no colo, o carrinho de bebê, além da significativa parcela das pessoas idosas. Acessibilidade é ter o espaço urbano adequado para que todas as pessoas possam se locomover com segurança, autonomia e dignidade. De acordo com o livro da CORDE — Acessibilidade (2005, p. 9):

> Direitos humanos, democracia e acessibilidade são indissolúveis, pois representam o respeito e a valorização da diversidade humana, como instrumento de bem-estar e de desenvolvimento inclusivo.

Assim, qualquer pessoa, "única" e "singular", precisa conviver com toda a sociedade. Direitos à educação e ao acesso livre são direitos humanos e democráticos indispensáveis. Possibilitar igualdade de condições para todo o cidadão é dever do Estado e cabe a cada um de nós fazer a sua parte e cobrar da mídia visibilidade para a questão, visando ao seu cumprimento. Construir um novo olhar, uma "nova" representação é buscar nas práticas cotidianas novas atitudes de pensar e agir.

Como diz Wagner (1998, p. 32):

> Um "objeto social" pode ser material ou simbólico, mas para que um objeto seja ou não social não depende das suas características físicas nem das suas propriedades e sim de um coletivo que lhe dá identidade social. As representações sociais são co-construídas em práticas cotidianas.

Aliado a tudo isso, o Índice de Desenvolvimento Humano (IDH) do nosso país influi de forma decisiva sobre a questão. O vínculo entre pobreza e deficiência é extremo. É considerado, segundo a Organização Mundial de Saúde, que pelo menos de 14% a 16% de todas as pessoas que vivem abaixo da linha de pobreza têm alguma deficiência. Nesse aspecto, a deficiência aumenta a pobreza e a pobreza aumenta a deficiência, é um círculo vicioso que não se consegue romper.

Portanto, os atores da comunicação, com o poder que têm, podem bradar por todos os cantos e de todas as formas possíveis as histórias que vivenciam e revelar a realidade que permeia a vida das pessoas com deficiência. É dentro dessa visão que se apresenta o caminho para que se conceba uma *nova* concepção de cidadania, concepção que se adapta ao desencadeamento de uma série de movimentos sociais que merecem atenção e que significa a busca do reconhecimento social.

É sob essa perspectiva que pensamos ser possível ressignificar o papel dos meios de comunicação e sua atuação junto à sociedade, entendendo-a como parte constitutiva deles e eles como parte dela. Ainda que não seja possível falar de uma sociedade justa construída somente com a ajuda dos meios de comunicação, podemos falar de uma sociedade que vem construindo discursos e atitudes que nela repercutem construídas pelos meios de comunicação.

No espaço público contemporâneo, entendemos que a comunicação é um processo — é elemento contributivo — porque tece e desenrola os fios locais e globais; e é um produto — é indicativo de ação — mediadores culturais porque viabilizam as trocas de conhecimentos.

A mídia, segundo Moscovici (1978), é capaz de trazer o conhecimento especializado e reificado para o nível consensual, que se caracteriza como sendo o saber do senso comum. A mídia impressa, nesse caso os jornais "Diário de Natal"/"O Poti" e "Tribuna do Norte", à medida que constroem a história do cotidiano, vão deixando transparecer nas matérias veiculadas a imagem que se tem da deficiência.

Sendo fonte de informação e difusão de representações, o jornalista capta a imagem da deficiência no meio social, reelabora-a e divulga para a sociedade, que, por sua vez, reprocessa-a e forma os mais variados conceitos sobre a questão.

Assim, Moscovici, citado por Jodelet (2001), diz que: *É nos meios de comunicação que é identificado o espaço para encontrar as representações do pensamento social.*

Compartilhar com a sociedade os princípios básicos constitucionais: soberania, cidadania, dignidade da pessoa humana, valores sociais do trabalho e da livre iniciativa e pluralismo político, é um importante passo para a participação efetiva da população na construção de uma sociedade inclusiva para TODOS.

Diante desse contexto, podemos afirmar que a inclusão das pessoas com deficiência na mídia impressa, no período de 1992 a 2002, foi uma temática de baixa visibilidade, estando em alta somente nos anos de 1996 e 1997.

A questão delineada aponta, assim, a falta de reconhecimento social da inclusão, ou seja, a "desmobilização" da sociedade conota um sentido de indiferença. Dessa maneira, fica difícil, no contexto da dinâmica social, a constituição de vínculos afetivos em relação à inclusão das pessoas com deficiência. Resgatando o pensamento de Moscovici (1978), são esses vínculos simbólicos que também colaboram no processo de formação das representações sociais.

Assim, embora reconheçamos que a questão é complexa e que requer estudos mais aprofundados, não podemos deixar de reconhecer que a mídia, como processo e como produto (jornal impresso), tem influência/repercussão no imaginário da sociedade, a qual pode provocar mudanças na vida das pessoas com deficiência, que esperam que o **mundo** possa, um dia, ser como eles pensam que deveria ser: **um lugar de TODOS**.

Considerações finais

学无止境

Provérbio chinês

Sabemos que nada é definitivo, conceitos são mudados a todo o momento, e novas descobertas surgem embaladas pelo movente mundo social que cria e recria-se a cada instante. E são esses novos desafios que movem o mundo acadêmico. Como bem diz o sábio provérbio chinês: **não há fim para o estudo.**

Nosso estudo teve como propósito principal discutir o papel da mídia, especificamente, a mídia impressa ("Diário de Natal"/"O Poti" e "Tribuna do Norte"), buscando apreender o discurso circulante, por ser este o discurso que veicula na sociedade as representações sociais.

O pressuposto que embasou este estudo foi o fato de que o jornal, na medida em que se constitui espaço privilegiado para a socialização de sentidos e significados, pode tornarse valioso campo de divulgação para inclusão social das pessoas com deficiência.

Os resultados de nossa pesquisa demonstram que a mídia impressa pode exercer um papel fundamental na representação social sobre a deficiência e a inclusão social das pessoas com deficiência.

O conceito de inclusão que apreendemos, a partir das falas expostas nos textos analisados dos anos de pico — 1996 e 1997 — sobre inclusão, leva-nos a perceber que as pessoas com deficiência almejam uma condição na qual exerçam na totalidade seus direitos e deveres de cidadão, participando da vida social e interagindo com as demais pessoas em condições de igualdade, sem restrições de qualquer ordem impostas pela sociedade ou no contexto social no qual está inserido. Ou seja, a **conquista de sua cidadania**.

Entendemos que esse conceito encontrado no nosso estudo pode ser explicado pelo conteúdo dos significados atribuídos à questão ao longo deste estudo. Não há um sentido que não aponte para esta realidade.

O primeiro sentido dá-se na linguagem gráfica que observa de forma clara a falta de regularidade das matérias ao longo do período de estudo, 1992 a 2002, que só consagra 1996 e 1997 como anos de grande difusão e visibilidade para a questão. Como comenta Moscovici (1961, p. 465):

> As mensagens guardam no interior de uma mesma fonte uma autonomia que se manifesta dentro de sua continuidade. Ainda que não seja uma forma de comunicação visando abertamente produzir condutas globais, a difusão pode ser eficaz.

Assim, a continuidade de matérias veiculadas pelos dois jornais possibilitaria criar ocasiões de mudanças de condutas e, muito mais que isso, buscar um novo olhar para princípios excludentes estabelecidos socialmente.

O segundo sentido dá-se através da própria fala dos jornalistas que têm consciência do assunto, mas permanecem passivos, esperando a manifestação da sociedade, de algum evento específico sobre o assunto, para abordar a questão.

Entretanto, se as informações fossem regulares e de interesse público, as transformações aconteceriam e as pessoas com deficiência poderiam galgar a condição de *verdadeiros cidadãos*. Nesse contexto, a mídia impressa, consequentemente, o jornalista, representaria um forte aliado na conquista dessa luta, à medida que, combatendo ações preconceituosas, assumiria o compromisso com o desenvolvimento de uma sociedade inclusiva para todos.

Este valor atribuído à mídia, atrelado à sua função social, apresenta-se como imprescindível para o desenvolvimento de práticas inclusivas e para a saída da crise da exclusão que permeia a vida das pessoas com deficiência. Nesse sentido, os estudos de Moscovici (1978, 2003, p. 205) mostram que:

> A percepção pública de temas relevantes é construída com base nas informações veiculadas na mídia, as quais vão sendo apropriadas pelos indivíduos e grupos e ressignificadas por estes com base em suas experiências e valores. As representações sociais são construídas na mídia, nos lugares públicos através desse processo de comunicação que nunca acontece sem transformação.

O terceiro sentido dá-se através da análise dos textos dos anos de pico — 1996 e 1997 — apresentando que os dois jornais têm características semelhantes na abordagem da temática. Nessa ótica, este estudo possibilitou perceber que os níveis de comunicação da mídia impressa estão mais centrados nas iniciativas isoladas de alguns grupos que têm afinidade com a causa. Insere-se fundamentalmente na sociogênese das representações sociais identificada por Wagner (1998) de "Estruturas sociais e Eventos específicos", que se referem às representações oriundas de situações de conflito que mudam a rotina estabelecida e acolhem um grupo restrito, com significados menos persistentes nas trocas sociais.

São representações mais transitórias uma vez que duram menos tempo e abrangem um grupo específico. Em **1996**, a quebra de rotina aconteceu devido a alguns fatores, tais como: a) a implantação das urnas eletrônicas no Brasil e a vasta divulgação da mídia impressa para o treinamento dado pelo Tribunal Regional Eleitoral aos eleitores com deficiência visual, afinal seu voto tem o mesmo valor que tem o de uma pessoa sem deficiência; b) as Paraolimpíadas que deram destaque aos atletas do RN, apesar de todo o caráter segregativo que o evento apresenta, como é notório; c) a Resolução n. 001/96 do Conselho Estadual de Educação, inovadora, na qual as pessoas com deficiência poderiam, preferencialmente, ser inseridas no ensino regular e d) a realização do I Seminário Mídia e Deficiência promovido pela CORDE/RN e o Sindicato dos Jornalistas do RN, com renomados nomes da mídia nacional.

Entretanto, as matérias sobre a questão, veiculadas pela mídia impressa, não ganharam o destaque merecido, a temática não foi retomada com a regularidade necessária para o processo de transformação almejado.

Em **1997**, ocorre outra quebra de rotina, ocasionada pelo II Seminário Mídia e Deficiência e que contou também com renomados nomes da mídia nacional. O assunto ganhou visibilidade não propriamente pela questão em si, mas pelos renomados atores da mídia.

Após esse período, o assunto ficou esquecido, silenciado. A representação da deficiência naturalizou-se como algo comum do cotidiano. A atenção ao tema só se estabeleceu diante da quebra de rotina, provocada por grupos específicos ou por pessoas mais conscientes e atentas ao papel social que lhe cabe desempenhar. Como já foi dito, falar de representações sociais implica necessariamente falar de comunicação, pois é nesse processo comunicacional que são geradas e expressas. Como observa Moscovici (2003, p. 371):

> Uma condiciona a outra, porque nós não podemos comunicar sem que partilhemos determinadas representações e uma representação é compartilhada e entra na nossa herança social quando ela se torna um **objeto de interesse e de comunicação** (grifo da autora).

E como observa Wolton (2004, p. 25):

> Pensar a comunicação, hoje, equivale a pensar o elo entre os valores que estão na sua origem, as técnicas [...]. Porém, a margem de manobra é pequena, porque a vitória da comunicação mistura atualmente, de maneira sutil, valores e interesses.

Quando falamos de representação social, estamos falando do ser humano. Exatamente por essa razão é que consideramos a comunicação social como parte da representação social, as quais se estabelecem nas trocas e interações, ou seja, a ideia de partilha e compreensão na relação com o outro. O que coloca a comunicação como um vetor de transmissão da linguagem e é portadora em si mesmo de representações sociais.

Nesse sentido, as nossas análises reafirmam o papel da mídia na valorização da conquista da inclusão das pessoas com deficiência, através dos seus discursos, que estão recheados de representações sociais, as quais vão intervir diretamente na construção de um novo "olhar" numa sociedade na qual a comunicação é, em grande parte, mediada pela mídia.

Acreditamos que as representações sociais, veiculadas pela mídia impressa, são fundamentais para a reflexão e o redesenho das questões sobre inclusão social e para o debate que almejamos em prol do desenvolvimento de uma sociedade para todos.

A nossa pretensão não foi delegar à mídia toda a responsabilidade em relação à inclusão social das pessoas excluídas; foi chamar a atenção para uma prática jornalística de qualidade que exija a apuração dos fatos, que investigue e que cheque as suas fontes, que faça uma leitura crítica dos seus discursos antes de entregar nas mãos da população suas opiniões.

Talvez esteja na responsabilidade de cada cidadão cobrar tais reflexões e contribuir nesta tarefa que, certamente, é de TODOS.

Por último, queremos salientar que as interpretações aqui dadas, como quaisquer outras, podem e devem ter outras leituras, afinal, como afirma Jodelet (2001, p. 22):

> As representações sociais — enquanto sistemas de interpretação que regem o mundo — orientam e organizam as condutas e as comunicações sociais. Como fenômenos cognitivos, envolvem a pertença social dos indivíduos com as implicações afetivas e normativas, com as interiorizações de experiência, práticas, modelos de condutas e pensamento, socialmente inculcados pela comunicação que a ela estão ligados.

Por fim, a nossa pretensão foi contribuir na luta em prol da inclusão social das pessoas com deficiência, embora reconheçamos que muitas questões ainda necessitam de estudos mais aprofundados e suas possíveis implicações no que diz respeito à construção e reconstrução da ótica da inclusão, suscitada neste trabalho.

Torna-se importante, à luz da nossa visão, uma reflexão que busque vislumbrar um país mais justo e igualitário: Um Brasil formado por **cidadãos**, onde, enfim, transforme-se em realidade o que tão amplamente é dito: **Um país de "todos"**:

BRASIL

BRASIL
UM PAÍS DE TODOS
GOVERNO FEDERAL

É para "Todos".

Um Estado no qual o **Governo de "todos"** tenha o ideal de aproximar os homens e que seu progresso caminhe junto com o combate pela exclusão social, pelos direitos humanos e pela democracia, correspondendo, assim, ao que é tão decantado:

RIO GRANDE DO NORTE

GOVERNO DE TODOS
Trabalhando pra valer

É para "Todos"

E, finalmente, uma mídia que dê à questão tanta visibilidade quanto à que é dada a uma das marcas do mais importante meio midiático da televisão brasileira, que veicula para seus milhares de telespectadores:

GLOBO

Cidadania a gente vê por aqui

As duas primeiras logomarcas[1] estão focadas para o sentido de **igualdade para todos**, a do nosso País/Brasil e a do nosso Estado/Rio Grande do Norte. E a terceira, chamada de vinheta,[2] estabelece um forte vínculo de sentido com as marcas estabelecidas pelos governos — federal e estadual — ao apresentar nos intervalos da sua programação que a cidadania é tema de visibilidade nas suas veiculações.

Entretanto, a concretização do sentido "**de todos**" é uma realidade distante. Infelizmente o país é de **poucos**, o governo é de **alguns** e cidadania a gente **não vê por aqui**, pelo menos tão facilmente.

É preciso que haja mudanças significativas em relação à inclusão das pessoas com deficiência que ainda permanecem atreladas a um passado histórico, sobretudo, pela ausência de uma conscientização da sociedade que remeta a imprensa a aguçar o senso crítico de seus leitores e estimulá-los a reflexões mais profundas sobre a questão.

Normalmente, a veiculação de matérias alusivas à pessoa com deficiência só entram na pauta dos meios de comunicação por dependência de eventos organizados por entidades interessadas na causa ou se agendadas por órgãos oficiais.

---

1. Uma marca é uma figura, é um símbolo, um sinal, um emblema, um brasão... uma imagem.

2. Identificação breve da **estação**, do **programa**, do **patrocinador**, ou do apresentador de um programa de TV ou rádio, no início ou no fim de cada intervalo. É constituída, geralmente, de uma frase musical, com ou sem **texto**.

Finalmente, a complexidade da questão despertou-nos um interesse particular: pesquisar o mundo paraolímpico e buscar entender por que **a segregação** se estabelece tão fortemente no maior evento de celebração mundial. Ainda, ampliar as discussões sobre as relações entre a mídia e as Paraolimpíadas e o porquê da diferença no tratamento dado às olimpíadas e às Paraolimpíadas.

Esse tema chamou-nos a atenção pela relevância que traz para a inclusão social e será a fundamentação para o desenvolvimento de um estudo que nos leve ao caminho da compreensão para uma sociedade inclusiva. Nesse contexto, a inclusão não se faz, senão pela via da ação para formação de um novo olhar: sujeito-cidadão.

O direito de ter direitos são preceitos constitutivos do homem contemporâneo e é esse homem, único e singular com todas as diferenças que lhe são peculiares, que vem pedindo o seu lugar no mundo.

Foi a partir destas reflexões finais que descortinamos uma nova dimensão do objeto de estudo: as Paraolimpíadas como o maior evento desportivo mundial de segregação. E então, movida pela força desta faceta do objeto, que a nós se revelava de maneira tão contundente, foi que decidimos recomeçar. Na verdade, sem este recomeço, nossa pesquisa estaria incompleta e nosso objeto relegado no seu aspecto mais pujante. É, portanto, inevitável prosseguir...

O objeto mostrava-nos não ser possível que o maior evento desportivo, que se sedimenta na celebração dos povos de todo o mundo, possa ser o maior evento de **segregação** mundial. É inconcebível que as vilas olímpicas, que são projetadas arquitetonicamente e construídas sob as normas de acessibilidade, só possam ser ocupadas após a realização das olimpíadas das pessoas sem deficiência.

Vale salientar que os espaços onde são praticados o voleibol, o basquetebol, a natação, o atletismo etc. são os mesmos utilizados pelas pessoas com deficiência, *o que não representa dizer que estamos defendendo a ideia de que pessoas com deficiência disputem com pessoas sem deficiência*. O que defendemos, por exemplo, é que um jogo de basquetebol de cadeira de rodas possa acontecer antes ou depois de uma partida disputada entre pessoas sem deficiência, assistida por um mesmo público. Belo é estar junto, incluir é estar junto.

Este nosso entendimento encontra eco no que diz o fotógrafo italiano Mike Ronchi, que, em entrevista,[3] revela a emoção de cobrir os Jogos Paraolímpicos de Atenas e ao ser indagado qual a sensação de cobrir um evento tão importante, respondeu:

Foi uma experiência profissional única e fantástica. Acho que se os Jogos fossem realizados a cada dois meses eu os fotografaria da mesma forma e com a mesma empolgação. A cobertura de uma Olimpíada ou Paraolimpíada é o ponto alto da carreira de um fotógrafo esportivo, assim como é para qualquer atleta — nunca tive uma oportunidade tão rica. Fotografar o esporte paraolímpico me trouxe uma satisfação de maravilha diante do que eu estava vendo, de superação, garra e exemplo. É uma verdadeira escola de vida. Às vezes, chego a pensar em reclamar de algumas coisas da vida, mas daí penso em tudo o que aprendi na Paraolimpíada e digo: "O que é isso? Bola pra frente!

Como corrobora a Procuradora Federal dos Direitos do Cidadão, Maria Eliana Meneses de Farias:[4]

A inclusão é tão agregadora que seus benefícios não são somente sentidos pelas pessoas que estão excluídas, mas por toda a sociedade. Diversidade não é peso. Diversidade é **riqueza** (grifo da autora).

O que justifica ainda mais a oportunidade de termos um evento que celebre o mundo com todos juntos e se torne para cada um uma lição de vida, no que se refere ao respeito às diferenças, às particularidades, às singularidades inerentes à diversidade humana.

---

3. Revista n. 17 — julho/agosto 2005, Brasil Paraolímpico: <www.cpb.org.br>.

4. Manual de educação inclusiva editado quando a Procuradoria Federal dos Direitos do Cidadão completa dez anos. O referido documento não tem data de sua publicação.

O potiguar Clodoaldo conquistou vários recordes na natação, em tão pouco tempo, que muitos o chamam de Clodoaldo Recorde da Silva. Superando limites e dificuldades, o atleta chegou determinado à Paraolimpíada de Atenas, e seu desempenho foi tão extraordinário que chegou a ser comparado ao americano Michael Phelps, por causa das seis medalhas de ouro e uma de prata, conquistadas em oito provas.

IMAGEM 9 Clodoaldo Silva — Fonte: CPB

Clodoaldo firmou-se, ainda, como o melhor atleta paraolímpico brasileiro de todos os tempos, e eleito como o melhor atleta paraolímpico do

IMAGEM 10 Michael Phelps
Fonte: IOC — International Olympic Committee

mundo, título concedido pelo Comitê Paraolímpico Internacional (IPC), em novembro de 2005. É pertinente ressaltar que compreendemos que um fato como esse *é digno de ser visto pelo mesmo público que viu Michael Phelps.*

Entretanto, como diz Dave Gordon (2004),[5] diretor de grandes eventos da rede de TV britânica: **Paraolimpíada faz sucesso nas TVs pelo mundo, menos nos EUA** e acrescenta o jornalista:

> Cada vez mais canais TV no mundo, especialmente na Europa e na Ásia, vêm transmitindo as competições da Paraolimpíada de Atenas — 2004, mas o principal evento esportivo para deficientes físicos continua sem receber muita atenção nos Estados Unidos, que é o maior mercado televisivo do mundo [...]

De acordo com Joly (2003), a imagem da mídia é invasora, onipresente, aquela que faz parte da vida cotidiana de todos. Entretanto, acompanhar as Paraolimpíadas não tem sido o interesse dos meios midiáticos, o que reflete o pensamento social. Dessa forma, a inclusão toma o caminho contrário, ou seja, a paraolimpíada propicia *uma inclusão que se estabelece dentro da própria exclusão*.

Nesta pauta de reflexão, buscamos os estudos em torno das Paraolimpíadas no *site* de pesquisa do banco da Capes, e lá encontramos apenas um **mestrado** na área de Educação, com o tema: A natação, o cego e o deficiente visual: a inclusão e suas implicações no desporto de rendimento. Autor: Luiz Marcelo Ribeiro da Luz, Universidade Estadual de Campinas, defendida em 1º-2-2003 e um **doutorado** na área de Educação Física, com o tema: Atletas paraolímpicos: figurações e sociedade contemporânea. Autora: Ruth Eugênia Amarante Cidade e Souza, Universidade Estadual de Campinas, defendida em 1º-2-2004.

Luz (2003) em seus estudos destaca que:

> Na perspectiva de uma sociedade inclusiva, o presente estudo investiga a modalidade de desporto de rendimento natação para atletas cegos e deficientes visuais. Verificamos as implicações e inovações que o processo inclusivo oferece ao rendimento desses atletas em competições de nível nacional e internacional.

---

5. Da **France Presse**, em Atenas, veiculada na Folha de S.Paulo *on-line* 21-9-2004 às 15h16.

Foram entrevistados dirigentes, técnicos e atletas cegos e com deficiência visual brasileiros e estrangeiros, na paraolimpíada de Sidney/Austrália, em 2000. A investigação mostrou que o treinamento em situação de inclusão favorece o rendimento desses atletas. Paralelamente constatamos que os dirigentes, em geral, demonstram ainda resistência quanto à unificação desse esporte; os técnicos se dividem com relação à mesma questão e os atletas sofrem pressão da política segregadora vigente no desporto adaptado.

O estudo de Luz demonstra que há segregação até nos treinamentos, ou seja, os atletas cegos e os com deficiência visual[6] treinam separados, o que, segundo o autor, não favorece o rendimento desses atletas.

Já Souza (2004) tem como foco o estudo das configurações de atletas selecionadas para a Paraolimpíada de Sydney, Austrália, 2000. A investigação de cunho sociocultural está centrada na seguinte questão: como as atletas com deficiência estabelecem relações e interdependências entre os diferentes papéis sociais que exercem?

Ainda buscando estudos na área, pesquisamos no google científico e encontramos diversos trabalhos sobre o assunto, focados: na aptidão física, avaliação médica; participação brasileira em Paraolimpíadas: desempenho nas conquistas de medalhas, avaliação clínica dos atletas paraolímpicos, atividade física adaptada; aumento da quantidade de atletas paraolímpicos: crescimento das delegações dos países participantes, resultados das avaliações cardiológicas com atletas paraolímpicos, dificuldades da delegação brasileira em sua preparação em jogos internacionais, avaliação e prescrição do treinamento de atletas brasileiros e olimpíadas e Paraolimpíadas: uma correlação com a mídia, dentre outros.

Diante desse resultado, podemos observar que não encontramos qualquer trabalho, pelo menos por nós pesquisado, que aponte para a unificação, inclu-

---

6. Cego, segundo a interpretação do Ministério Público do Trabalho do Decreto n. 5.296/2004 que redefine as deficiências, é a perda total da visão, enquanto que a deficiência visual começa quando, após a melhor correção ótica (lentes de contato ou óculos); a pessoa ainda precisa de alguns equipamentos para enxergar, como por exemplo: lupa, leitora de tela, software etc.

são do maior evento desportivo do mundo — **Olimpíada e Paraolimpíada**. Entretanto, um trabalho merece destaque por questionar o tratamento que a mídia tem oferecido aos jogos olímpicos em detrimento dos jogos paraolímpicos. Com o tema: Olimpíada e paraolimpíada: uma correlação com a mídia, Figueiredo e Guerra (2005) dizem:

> De quatro em quatro anos o maior evento esportivo do mundo, as Olimpíadas, movimentam bilhões de dólares; em Atenas, 2004, cerca de um bilhão de dólares foram gastos em direitos de transmissão de imagens e 16.033 jornalistas cobriram o espetáculo. Já nas Paraolimpíadas, que receberam o título de segundo maior evento esportivo mundial, em Atenas apenas 3000 jornalistas fizeram a cobertura dos Jogos.

O que comprova a visão excludente e pouco valorativa que tem a paraolimpíada. É verdade que a participação de atletas paraolímpicos aumentou. Isso dá força para que se busque equiparar as oportunidades e se tenha um evento único. Assim vejamos, os Jogos Paraolímpicos tiveram sua primeira versão em 1960, em Roma, e contavam com a participação de 23 países e 400 atletas; em sua edição mais recente, em Atenas 2004, o evento reuniu 143 países e 4.000 atletas; os investimentos atingiram patamares antes inimagináveis; patrocinadores mundiais ajudaram a custear a competição e a profissionalização do esporte foi visível.

Os números mostram que, entre a primeira e a última versão dos Jogos, houve uma grande evolução, o esporte para pessoas com deficiência abandonou o caráter estritamente de lazer e de reabilitação, passando a buscar também o auto-rendimento, o que acarretou o interesse da mídia por esse segmento esportivo; contudo, *ainda não há uma cobertura sistemática do esporte paraolímpico.*

Para ilustrar nossa argumentação, seguem-se imagens referentes à Olimpíada e Paraolimpíada de Pequim — 2008 — que estamos qualificando como "Maior celebração desportiva mundial": *testemunho da exclusão.*

WWW.OLYMPIC.ORG
Official website of Olympic Movement

Beijing 2008

IMAGEM 11 Fonte: Comitê paraolímpico brasileiro.

Sintetizamos, na forma a seguir, o pensamento que vimos defendendo ao longo desses parágrafos finais:

```
        OLIMPÍADAS
             ↓
    "BELO É ESTAR JUNTO"
```

Quiçá, esta ideia possa se tornar realidade em 2012 e que, em Londres, nosso *slogan* possa se concretizar.

IGUALDADE PARA TODOS!
UM MESMO PÚBLICO, UM ÚNICO OLHAR!

Nem sempre é fácil encontrarmos uma forma apropriada para finalizarmos um estudo. Felizmente, o conteúdo desta obra instiga-nos a prosseguir. Não paramos. O nosso trabalho continua!

E continua através de um novo projeto de pesquisa, já elaborado, cujo tema é "Inclusão Social: Olimpíadas e Paraolimpíadas como evento esportivo único", Base de Pesquisa UFRN: Estudos da Vida: homem, natureza e sociedade, dentro da Linha de Pesquisa: Representações Sociais.

Esta nova pesquisa é, na verdade, como já mencionado, uma continuação do estudo apresentado neste livro, porém com ela queremos galgar um novo patamar com o pensamento e a disposição voltados para a pessoa com deficiência.

O estudo, que já iniciamos, tem como objetivo geral apreender e analisar as representações de diversos grupos sociais que têm influência direta (na formação, execução e divulgação) ou indireta (docência em universidades) dos eventos Olimpíadas/Paraolimpíadas, no sentido de torná-los um evento esportivo único; dirigido a um único públicos com *um único olhar.*

Bibliografia

ABRANTES, Ângelo Antônio. *Aluno excluído do sistema público*: a identidade em construção. Dissertação (Mestrado em Educação) — Faculdade de Educação. Pontifícia Universidade Católica de São Paulo, 1997. Disponível em: <http://www.periodicos.capes. gov.br/>. Acesso em: 20 abr. 2007.

ABRIC, Jean-Claude. A abordagem estrutural das representações sociais. In: PAREDES, Antônia; OLIVEIRA, Denise Cristina. *Estudos interdisciplinares de representações sociais.* Goiânia: AB Editora, 1998.

_____. *Pratiques sociales et reprèsentations.* Paris: Presses Universitaires de France, 1994.

ACCIOLY, J. H. *Representações sociais das atividades físicas para trabalhadores da indústria.* Natal/RN: EDUFRN — Editora da UFRN, 2004.

AGUADO, D. A.; L. ALCEDO, R. M. A. *Tratamento de la discapacidad em la prensa Asturiana.* Dissertação (Mestrado) — Universidade de Oviedo, 1990.

ALMEIDA, M. S. *Instituições Brasileiras de Apoio à Pessoa Portadora de Deficiência*: novos paradigmas de organização. Dissertação (Mestrado) — Universidade de Salamanca, 1995.

ALVAREZ, J. M. C. *Diversidade en la educación*: desafio para el nuevo milenio. III CONGRESSO IBERO-AMERICANO DE EDUCAÇÃO ESPECIAL, 1998. Mimeo.

AMARAL, Lígia Assumpção. *Pensar a diferença/deficiência.* Brasília: Coordenadoria Nacional de integração da pessoa portadora de deficiência, 1994.

BACZKO, Bronislaw. Imaginação Social. In: *Enciclopédia Einaldi (Antropos-Homem)*, Imprensa Nacional-Casa da Moeda, Portugal: Edição Portuguesa, p. 226-332, v. 5, 1985.

BARDIN, Laurence. *Análise de conteúdo.* 3. ed. Trad. Luis Antero Reto e Augusto Pinheiro. Lisboa: Edições 70, 2004.

BARTHES, Roland. *A câmara clara*: nota sobre a fotografia. Trad. Júlio Casteñon Guimarães. Rio de Janeiro: Nova Fronteira, 1984.

_____. *Aventura semiológica*. Trad. Mário Laranjeira. São Paulo: Martins Fontes, 2001.

BOURDIEU, Pierre. *O poder simbólico*. Lisboa: Difel, 1989.

CANZIANI, M. L. *Mídia e deficiência*: Manual de Estilo. 2. ed. Brasília: CORDE Nacional, 1994.

_____. *Acessibilidade*. Brasília: Secretaria Especial dos Direitos Humanos, 2005.

CARNEIRO, Andréa Curry. *Uma construção compartilhada*. Dissertação (Mestrado em Comunicação e Semiótica) — Faculdade de Comunicação. Pontifícia Universidade Católica de São Paulo, 2003. Disponível em: <http://www.periodicos.capes.gov.br/>. Acesso em: 20 abr. 2007.

CARVALHO, Maria do Rosário de Fátima de. *O outro lado do aprender:* representações sociais da escrita no semiárido norte-rio-grandense. Recife: Ed. Massangana/EDUFRN, 2002.

CARVALHO, Maria do Rosário de Fátima; PASSEGGI, Conceição; SOBRINHO, Moisés. *Representações Sociais*. Mossoró: Coleção Mossoroense, 2003.

CASADO, Demetrio. *Discapacidad y medios de información*. Pautas de estilo. Madrid: Real Patronato de Prevención y Atención con Minusvalía, 1989.

CRESPO, Ana Maria Morales. *Informação e deformação — A pessoa com deficiência na mídia impressa*. Dissertação (Mestrado em Ciências da Comunicação) — Universidade de São Paulo, 2000. Disponível em: <http://www.periodicos.capes.gov.br/>. Acesso em: 20 abr. 2007.

D'ANTINO, Maria Eloisa Famá. *Deficiência e a mensagem reveladora da instituição especializada:* dimensões imagética e textual. Dissertação (Mestrado em Psicologia escolar e desenvolvimento humano) — Universidade de São Paulo, 2001. Disponível em: <http://www.periodicos.capes.gov.br/>. Acesso em: 20 abr. 2007.

DeGEORGE, William F. *Conceptualization and measurement of audience agenda*. Beverly Hills: Sage Mass Communication Review Yearbook, 1981.

DURKHEIM, Emile. *Sociologia e filosofia*. Rio de Janeiro/São Paulo: Forense, 1970.

FALLOWS, James. *Detonando a notícia:* como a mídia corrói a democracia americana. Trad. de Fausto Wolf. Rio de Janeiro: Civilização Brasileira, 1997.

FIGUEIREDO, T. H.; GUERRA, M. O. Olimpíadas e paraolimpíadas — uma correlação com a mídia. In: CONGRESSO BRASILEIRO DE CIÊNCIAS DA COMUNICAÇÃO, *Anais...*, 2005.

FOUCAULT, Michel. *60 minutos*. Rio de Janeiro: Paz e Terra, 1988.

FOUCAULT, Michel. *Microfísica do poder*. Rio de Janeiro: Paz e Terra, 1986.

FRANÇA, Ione Pereira. *A incompatibilização da cidade para os cidadãos deficientes de locomoção:* uma questão de cidadania. Dissertação (Mestrado em Arquitetura e Urbanismo) — Universidade de Brasília, 1995. Disponível em: <http://www.periodicos.capes.gov.br/>. Acesso em: 20 abr. 2007.

FRANCO, M. L. P. O que é análise de conteúdo. *Caderno do programa de estudos de pós-graduação em psicologia educacional da PUC-SP,* São Paulo, n. 7, 1986.

FREIRE, Paulo. *Educação como prática da liberdade*. Rio de Janeiro: Paz e Terra, 1967.

GOFFMAN, Erving. *Estigma*: notas sobre a manipulação da identidade deteriorada. Rio de Janeiro: Guanabara, 1988.

GUARESCHI, Pedrinho A. *Mídia, educação e cidadania*: tudo o que você deve saber sobre mídia. Petrópolis: Vozes, 2005.

JODELET, Denise (Org.). *As representações sociais*. Trad. Lílian Ulup. Rio de Janeiro: EdUERJ, 2001.

JOHN, Liana. *Síndrome de* down *na imprensa*: dicas para um bom contato com os jornalistas. Meo, fbd [s.n.].

JOLY, Martine. *Ofício de arte e forma*: introdução à análise da imagem. Trad. Marina Appenzeller. Campinas: Papirus, 2003.

LÉVY, Pierre. *Cibercultura*. Trad. Carlos Irineu da Costa. São Paulo: Trinta e Quatro, 2000.

LUZ, Luiz Marcelo Ribeiro da. *A natação, o cego e o deficiente visual*: a inclusão e suas implicações no desporto de rendimento. Dissertação (Mestrado em Educação) — Universidade Estadual de Campinas, 2003. Disponível em: <http://www.periodicos.capes.gov.br/>. Acesso em: 20 abr. 2007.

MANTOAN, Maria Teresa Eglér. *Compreendendo deficiência mental:* novos caminhos educacionais. São Paulo: Spicione, 1989.

MANTOAN, Maria Teresa Eglér. *A integração de pessoas com deficiência*: contribuições para uma reflexão sobre o tema. São Paulo: Memnon: Senac, 1997.

MARQUES, Carlos Alberto. *A imagem da alteridade da mídia*. Tese (Doutorado em Comunicação) — Universidade Federal do Rio de Janeiro. Disponível em: <http://www.periodicos.capes.gov. br/>. Acesso em: 20 abr. 2007.

MAZZOTTA, Marcos José Silveira. *Educação escolar*: comum ou especial. São Paulo, Pioneira, 1987.

MELO, José Marques. *Comunicação*: direito à informação. Campinas: Papirus, 1986.

MERLEAU-PONTY, Maurice. *O visível e o invisível*. São Paulo: Perspectiva, 1964.

MORIN, Edgar. *A cabeça bem-feita*: repensar a reforma, reformar o pensamento. 9. ed. Trad. Eloá Jacobina. Rio de Janeiro: Bertrand Brasil, 2004.

MOSCOVICI, Serge. *A representação social da psicanálise*. Rio de Janeiro: Zahar, 1976.

_____. *Representações sociais*: investigações em psicologia social. Trad. Pedrinho Arcides Guareschi. Petrópolis: Vozes, 2003.

NOBLAT, Ricardo. *A arte de fazer um jornal diário*. 3. ed. São Paulo: Contexto, 2003.

NÓBREGA, Sheva Maia. Sobre a teoria das representações sociais. In: MOREIRA, Antônia Silva Paredes (Org.). *Representações sociais teoria e prática*. João Pessoa: Universitária/Autor Associado, 2001.

ORLANDI, Eni Pulcinelli. *Discurso e leitura*. 2. ed. São Paulo: Cortez, 1993.

_____. *Interpretação*: autoria, leitura e efeitos do trabalho simbólico. Petrópolis: Vozes, 1996.

PENA, F. *1000 perguntas sobre jornalismo*. Rio de Janeiro: Editora Rio, 2005.

PEREIRA JÚNIOR, Alfredo Eurico Vizeu. *As rotinas produtivas dos editores de texto do RJTV1*: construindo a notícia. Dissertação (Mestrado em Comunicação Social). Pontifícia Universidade Católica do Rio Grande do Sul. Disponível em: <http://www.periodicos.capes.gov.br/>. Acesso em: 20 abr. 2007.

PESSOTTI, Isaias. *Deficiência mental*: da superstição à ciência. São Paulo: T. A. Queiroz, 1984.

QUEVEDO, Ari Edson Poloni de. *Obstáculos à qualidade de vida do deficiente físico*: estudo de caso junto às instituições públicas de ensino. Dissertação (Mestrado em Engenharia da

Produção) — Universidade Federal de Santa Maria. Disponível em: <http://www.periodicos.capes.gov.br/>. Acesso em: 20 abr. 2007.

RABAÇA, Carlos Alberto; BARBOSA, Gustavo. *Dicionário de comunicação*. Rio de Janeiro: Codecri, 1978.

RIBAS, João Batista Cintra. *Preconceitos contra as pessoas com deficiência*: a relação que travamos com o mundo. São Paulo: Cortez, 2007. 7 v. (Coleção Preconceitos).

RIBAS, João Batista Cintra. *Viva a diferença*: convivendo com nossas restrições ou deficiências. São Paulo: Moderna, 1995.

SÁ, Celso Pereira. *Núcleo central das representações sociais*. Petrópolis: Vozes, 1996.

SOUZA, Ruth Eugênia Amarante Cidade e. *Atletas paraolímpicas*: figurações e sociedade contemporânea. Tese (Doutorado em Educação Física) — Universidade Estadual de Campinas, 2004. Disponível em: <http://www.periodicos.capes.gov.br/>. Acesso em: 20 abr. 2007.

TEVES FERREIRA, Nilda. *Imaginário social e educação*. Rio de Janeiro: Gryphus/Faculdade de Educação da UFRJ, 1992.

VALA, J.; ORDAZ, O. Objetivação e ancoragem das representações sociais do suicídio na imprensa escrita. In: MOREIRA, A. S. P.; OLIVEIRA, Denise C. de (Org.). *Estudos interdisciplinares de representação social*. Goiânia: AB, 1998.

VIVARTE, Veet. (Coord.). *Mídia e deficiência*. Brasília: Andi; Fundação Banco do Brasil, 2003.

WAGNER, W. Sócio-gênese e características das representações sociais. In: MOREIRA, Antônia Silva Paredes (Org.). *Estudos interdisciplinares de representações sociais*. João Pessoa: Editora Universitária/Autor Associado, 1998.

WOLF, Mauro. *Teorias da comunicação*. Lisboa: Editorial Presença, 1995.

WOLTON, D. *Pensar a Comunicação*. Trad. Zélia Leal Adghirni. Brasília: Universidade de Brasília, 2004.

Impressão e acabamento: Editora Parma.